MIX
Papier aus verantwortungsvollen Quellen
Paper from responsible sources
FSC® C105338

Personalmanagement

für

Geprüfte
Betriebswirte
und
Geprüfte
Technische Betriebswirte

Bibliografische Information der Deutschen Nationalbibliothek

Die Deutsche Nationalbibliothek verzeichnet diese Publikation in der Deutschen Nationalbiografie; detaillierte bibliografische Daten sind im Internet über http://dnb.d-nb.de abrufbar.

© 2011 - 2020 André Fehrs
OREOS Bildung & Beratung®

6. Auflage

Herstellung und Verlag: Books on Demand GmbH Norderstedt
Redaktion: OREOS Bildung & Beratung® Erfurt
Layout: CLING.Design Erfurt
ISBN: 9783842357051

Inhaltsverzeichnis

1.	**FÜHRUNG**	11
1.1	Unternehmensführung	15
1.2	Führungsaufgaben	35
1.3	Führungsverhalten und Führungsstil	41
1.4	Führungsverhalten	51
1.5	Führungsinstrumente	63
2.	**GRUNDLAGEN PERSONALENTWICKLUNG**	101
2.1	Personalentwicklung im Allgemeinen	104
2.2	Zielsetzungen der Personalentwicklung	105
2.3	Bedeutungen der Personalentwicklung	106
2.4	Phasen der Teamentwicklung	108
3.	**PERSONALPLANUNG**	113
3.1	Ziele und Aufgaben Personalplanung	113
3.2	Personalbedarfsplanung	131
4.	**MITARBEITERFÖRDERUNG**	141
4.1	Ziele der Mitarbeiterförderung	141
4.2	Instrumente der Mitarbeiterförderung	143
5.	**BETEILIGUNGSRECHTE BETRIEBSRAT**	149
5.1	Aufgaben Betriebsrat	149
5.2	Beteiligungsrechte Betriebsrat	150
6.	**BETRIEBLICHE AUS- UND WEITERBILDUNG**	157
6.1	Betriebliche Ausbildungen	157
6.2	Ermittlung des Weiterbildungsbedarfs	159
6.3	Weiterbildungsmöglichkeiten	163
6.4	Bildungscontrolling	175

Die Bücher der Reihe **LernSKRIPT**® eignen sich hervorragend als begleitende Basisliteratur zum IHK-Unterricht sowie als Lernunterstützung zur direkten Prüfungsvorbereitung im Selbststudium oder in der Lerngruppe.

Allerdings sei noch einmal darauf hingewiesen, dass ein Besuch der jeweiligen IHK-Präsenzveranstaltungen sowie das Lesen der Ihnen bereitgestellten IHK-Materialien und ständiges Lernen unentbehrlich ist.

…und nun viel Spaß beim Lernen und viel Erfolg wünscht Ihnen

OREOS Bildung & Beratung®

In der Buchreihe **LernSKRIPT**® ist häufig von Fachwirten, Geprüften Betriebswirten und Geprüften Technischen Betriebswirten sowie unter anderem Mitarbeitern, Arbeitnehmern, Kunden, Prüfern usw. die Rede.

Selbstverständlich bezieht sich dies selbstredend auch auf Fachwirtinnen, Geprüfte Betriebswirtinnen und Geprüfte Technische Betriebswirtinnen sowie Mitarbeiterinnen, Arbeitnehmerinnen, Kundinnen, Prüferinnen usw.

Der Autor geht davon aus, dass die Verwendung der männlichen Geschlechtsform nicht als Benachteiligung empfunden wird und hofft, dass die Leser und Leserinnen diese Formulierungsweise zu Gunsten der besseren Lesbarkeit akzeptieren.

Hinweis: Der Autor hat alle Informationen mit größtmöglicher Sorgfalt geprüft. Gleichwohl sind Fehler nicht vollständig auszuschließen. Alle Angaben erfolgen ohne Gewähr. Über konstruktive Rückmeldungen zum Buch und über Verbesserungsvorschläge freut sich der Autor.

Bitte schreiben Sie einfach an: **info@oreos.de**

Personalmanagement

1. FÜHRUNG

1. FÜHRUNG

Der Begriff „**Management**" kann wie in nachfolgendem Hinweis offiziell definiert werden:

> 💡 Das **Management** ist eine Gruppe von Personen in einem Unternehmen, welche Entscheidungen treffen oder anderen Personen Weisungen erteilen

Management heißt also im Allgemeinen, dafür zu sorgen, **dass etwas Geplantes** innerhalb eines gewissen Rahmens mit Hilfe der zur Verfügung stehenden Mittel **erledigt wird** - oder ganz einfach gesagt:

Andere dazu zu bringen, etwas zu erledigen!

Zum Management eines Unternehmens zählen alle Personen, welche mit Weisungsbefugnis ausgestattet sind.

Dabei ist es jedoch unerheblich, ob sie dem **Top-Management**, dem **Middle-Management** oder dem **Lower-Management** angehören.

Dieser Gruppe von **Führungskräften** stehen die übrigen Mitarbeiter als ausführende Kräfte gegenüber.

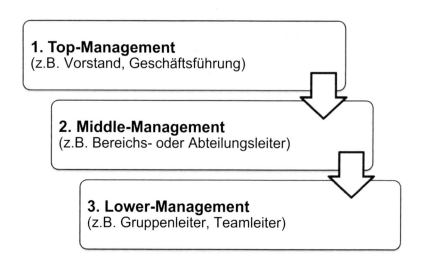

Abbildung 1 - Hierarchie von Unternehmen

Der Begriff „(Mitarbeiter) **Führung**" kann wie in nachfolgendem Hinweis offiziell definiert werden:

> Die **Mitarbeiterführung** ist die situationsbezogene Beeinflussung der Mitarbeiter, die unter Einsatz von Führungsinstrumenten auf einen gemeinsam zu erzielendem Erfolg hin ausgerichtet ist
>
> nach H.-J. Rahn, Unternehmensführung, 2002

Führung heißt also **einfach** gesagt, **Mitarbeiter so zu beeinflussen** (= einbeziehen beziehungsweise mitnehmen), das **alle** an **„einem Strang ziehen"**.

Die Führungskraft hat im Allgemeinen zwei unterschiedliche Hauptaufgaben:

- **Sachbezogene Führung**
- **Personal- und Mitarbeiterführung**

Sachbezogene Führung

Die Sachbezogene Führung ergibt sich direkt aus der Unternehmensaufgabe und kann mit Hilfe des **Management-Regelkreises** sehr gut dargestellt werden.

Abbildung 2 - Der Management-Regelkreis

Dabei bedeuten diese **Aufgaben der Führungskraft** im Einzelnen:

Ziele setzen

- ✓ Beschreibung von konkreten und messbaren Zielen **nach vorheriger Analyse des IST-Zustandes**

Planen

- ✓ Gedankliche Vorwegnahme des zukünftigen Handelns
- ✓ zeigt auf welchen Wegen die Ziele zu erreichen sind

Organisieren

- ✓ Planung und Durchführung eines Vorhabens

Realisieren

- ✓ Umsetzung des geplanten in die betriebliche Wirklichkeit

Kontrollieren (im Sinne von **Erfolgskontrolle**)

- ✓ SOLL / IST Vergleich
- ✓ dieser SOLL / IST Vergleich zeigt an, ob es gelungen ist, die Pläne in die Realität umzusetzen

Personal- und Mitarbeiterführung

Personal- und Mitarbeiterführung ist die zweite wichtigste Hauptaufgabe einer Führungskraft. Detaillierte Informationen dazu sind ab dem Kapitel „**1.2 Führung**" beschrieben.

1.1 Unternehmensführung

Die Unternehmensvision

Die **Unternehmensvision** ist das Zukunftsbild eines Unternehmens. Die oberste Führungsebene gibt als Modell vor, wie sie sich das zukünftige Unternehmen vorstellt. Bildlich erfüllt die Unternehmens**vision** durch die Vorgabe einer bestimmten Richtung eine **„Polarsternfunktion"** für das Unternehmen.

Die **Vision** beantwortet die Fragen, wo das Unternehmen hinmöchte, wie es sich dazu weiterentwickeln muss und wovon es „träumt". Im Bezug zur Unternehmensvision stehen die Strategien und Unternehmensziele.

> 💡 Unternehmens**vision** = das Zukunftsbild
> „Wo steht das Unternehmen jetzt und wo genau will es hin?"

> 💡 Die Unternehmens**vision** ist die **Ausgangsbasis** zur Ableitung der Unternehmens**mission**, sowie der Unternehmens**philosophie** und Unternehmens**kultur**

Die Unternehmensmission

Die **Unternehmensmission** gibt dem Unternehmen sowohl einen bestimmten Handlungsrahmen als auch eine Handlungsrichtung vor. Die Mission hat eine sinngebende Funktion für das Unternehmen und beantwortet die Fragen, was das Unternehmen ist, was es macht und wofür das Unternehmen steht.

Die Unternehmens**mission** richtet sich aber nicht an die Mitarbeiter, sondern an die Kunden. Diese sollen ebenfalls wissen, wofür das Unternehmen - nach seinen eigenen Ansprüchen - steht und was es für die Kunden sein will.

Die Mission drückt aus: **Wie wollen wir von unseren Kunden gesehen werden?**

> 💡 Unternehmens**mission** = beschreibt den wesentlichen Zweck oder den Auftrag eines Unternehmens

Die Unternehmensphilosophie

> 💡 Die Unternehmens**philosophie** beinhaltet das **Gesellschafts-** und **Menschenbild** eines Unternehmens

Die Unternehmenskultur

Eine **Unternehmenskultur** beinhaltet gemeinsame Wertvorstellungen, d.h. die **Normen, Werte** und die **Denkhaltung der Mitarbeiter**, zum Beispiel Verhaltensweisen und Umgangsformen von…

- ✓ …Mitarbeiter zu Mitarbeiter
- ✓ …der Geschäftsführung zum Mitarbeiter und Umgekehrt
- ✓ …der Führungskraft zum Mitarbeiter und umgekehrt

Diese Wertvorstellungen sollen (vor-) gelebt werden, das bedeutet stark verkürzt:

„So machen wir das hier!"

Warum ist dies für ein Unternehmen so wichtig?

- ✓ Identifikation von Mitarbeitern, Kunden und Führungskräften mit dem Unternehmen (siehe auch nachfolgend **Commitment**)
- ✓ Image gegenüber potenziellen Bewerbern und Kunden
- ✓ Abgrenzung zur direkten Konkurrenz beziehungsweise zu Mitbewerbern innerhalb der Branche

Sichtbares Merkmal einer Unternehmenskultur ist zum Beispiel das **Logo** des Unternehmens (= Corporate Design)

Unsichtbares Merkmal einer Unternehmenskultur ist zum Beispiel das **Betriebsklima** (gut oder schlecht).

💡 Die Unternehmens**kultur** ist der Humus, der die Ziele gedeihen lässt

Commitment

Die Begrifflichkeit **Commitment** bedeutet, sich den **Zielen** und **Werten** des Unternehmens verpflichtet zu fühlen. Es bezeichnet das **Ausmaß**, in dem sich eine **Person mit der gesamten Organisation identifiziert** - das bedeutet stark verkürzt:

„**Mein Unternehmen und ich!**"

> 💡 **Commitment** ist als **innere Einstellung** des jeweiligen Mitarbeiters gegenüber (s)eines Unternehmens zu sehen

Vorteile

- ✓ die Fluktuation der Mitarbeiter im Unternehmen nimmt ab
- ✓ mehr Engagement der Mitarbeiter
- ✓ der Zielerreichungsgrad steigt

Das Unternehmensleitbild

Ein **Unternehmensleitbild** (= Mission Statement) ist eine **klar gegliederte, langfristige Zielvorstellung** eines Unternehmens und beinhaltet, **mit welchen Strategien** diese Unternehmensziele erreicht werden sollen. Insofern ist das Unternehmensleitbild **eine Präzisierung der Unternehmenskultur.**

Ein Unternehmens**leitbild** enthält damit alle relevanten Aussagen zu **Vision** und zu **Mission** sowie zur angestrebten **Kultur** (Verhaltenskodex, - zum Beispiel Umgang, Auftreten und Benehmen) in einem Unternehmen.

- ✓ **intern** soll ein Leitbild **Orientierung geben** und somit handlungsleitend und motivierend für das Unternehmen als Ganzes und die einzelnen Mitglieder wirken

- ✓ nach **extern** (Öffentlichkeit, Kunden) soll es deutlich machen, wofür das Unternehmen steht, zum Beispiel durch einen **Slogan**

Es stellt die Verbindung von gewachsenem Selbstverständnis, der Unternehmensphilosophie und der beabsichtigten Entwicklung oder kurz gesagt:

💡 Das Unternehmens**leitbild** ist ein Synonym für **Unternehmensgrundsätze** und die kurz gefasste Darstellung der **Existenzberechtigung** eines Unternehmens

	Hipp Babynahrung	IKEA
Unternehmens-mission	ökologisches Umdenken der Gesellschaft	vielen Menschen einen besseren Alltag zu verschaffen
Unternehmens-philosophie	Herstellung von gesunden Produkten in Spitzenqualität im Einklang mit der Natur	Angebot eines breiten Sortiments formschöner und funktionsgerechter Einrichtungsgegenstände zu sehr günstigen Preisen
Unternehmens-leitbild	Das Beste **aus** der Natur und das Beste **für** die Natur Soziale Verantwortung Umweltschutz und schonender Umgang mit den Ressourcen Vielfalt der Produkte mit hohem Qualitätsanspruch	Kostenführerschaft durch harte Kalkulation, d.h. Kosten vom Hersteller bis zum Kunden niedrig zu halten WIR-Gefühl unter Mitarbeitern, die familiäre Atmosphäre Skandinavische Produktnamen statt anonymer Bestellnummern

Tabelle 1 - Beispiele von Mission, Philosophie und Leitbild

Zielbeziehungen im Unternehmen

Aus dem **Unternehmensleitbild** ergeben sich unterschiedliche Zielbeziehungen:

- **komplementäre Ziele**
- **konkurrierende Ziele**
- **indifferente Ziele**

Diese sind die Beziehungen zwischen mehreren Unternehmenszielen zueinander.

komplementäre Ziele

- ✓ komplementär = **ergänzend**
- ✓ durch Erreichen des einen Unternehmensziels wird das andere Unternehmensziel ebenfalls erreicht

konkurrierende Ziele

- ✓ sind Unternehmensziele, welche sich **gegenseitig behindern**, d.h. in Konkurrenz stehen und sich darum auch nicht gleichzeitig verfolgen lassen

indifferente Ziele

- ✓ sind Unternehmensziele die **völlig unabhängig voneinander** verfolgt werden können, d.h. ein Unternehmensziel ist ohne Einfluss auf die Erreichung des anderen Unternehmensziels

Führungsgrundsätze im Unternehmen

Führungsgrundsätze beschreiben, wie das Verhalten von Vorgesetzten zu Mitarbeitern im Normalfall gestaltet werden soll.

Sie sind daher gleichzusetzen mit **„Spielregeln"**, das heißt

- ✓ bessere Umsetzung selbst aufgestellter Führungsgrundsätze
- ✓ Akzeptanz
- ✓ Abschaffung von Willkür

} unter Einbezug der Führungskraft

-💡- **Führungsgrundsätze** im Unternehmen sind gleichzusetzen mit **„Spielregeln"**

Beispielhaft dafür wäre **Transparenz** (von Informationen) schaffen.

Das heißt beispielsweise **„Wir geben den Mitarbeitern Informationen, die Sie betreffen"** sowie konstruktive **Kritik** zulassen - zum Beispiel **„Wir wünschen und geben Kritik"**.

Konkrete Führungsgrundsätze aus der **Praxis** sind zum Beispiel:[1]

- **Unternehmerische Verantwortung leben und kundenorientiert handeln**
- **Ziele setzen und erreichen**
- **Leistung fordern**
- **Vertrauen schaffen**
- **Kommunikation fördern**

Im Detail betrachtet, bedeuten diese **konkreten Führungsgrundsätze** aus der **Praxis** folgendes:

Unternehmerische Verantwortung leben und kundenorientiert handeln

- ✓ Führungskräfte und Mitarbeiter denken und handeln unternehmerisch
- ✓ Arbeitsprozesse und Arbeitsergebnisse erfüllen höchste Qualitätsstandards
- ✓ die Führungskraft trägt stets die Gesamtverantwortung für die Erfüllung aller ihr übertragenen Aufgaben

---

[1] in Anlehnung an die Broschüre „Führung - Wissen, wie es geht" der mobilcom-debitel GmbH

- ✓ die Führungskraft und die Mitarbeiter überdenken ständig bestehende Arbeitsabläufe hinsichtlich möglicher Optimierungs- und Einsparpotentiale

- ✓ die Kundenzufriedenheit steht an erster Stelle

- ✓ allen Mitarbeitern den Servicegedanken zu vermitteln ist eine herausragende Führungsaufgabe

- ✓ Führungskräfte und Mitarbeiter suchen bedarfsgerechte Lösungen für Kunden und setzen diese konsequent und schnell um

Ziele setzen und erreichen

- ✓ die Führungskraft definiert Ziele für Ihren Verantwortungsbereich auf Grundlage übergeordneter Ziele

- ✓ die Führungskraft stellt sicher, dass die Mitarbeiter Ihre Ziele kennen

- ✓ die Führungskraft formuliert die Ziele klar und eindeutig, so dass sie messbar einzuhalten sind

- ✓ Ziele sollen erreichbar, aber auch herausfordernd sein

- ✓ die Führungskraft lässt den Mitarbeitern bei der Bestimmung von Mitteln und Wegen im Rahmen der vorgegebenen Prozesse größtmöglichen Freiraum

- ✓ die Führungskraft begleitet den Arbeitsprozess und kontrolliert die Zielerreichung

- ✓ gemeinsam mit den Mitarbeitern analysiert die Führungskraft rechtzeitig Abweichungen und entwickelt Lösungen

Leistung fordern

- ✓ die Führungskraft ist Vorbild ihrer Mitarbeiter und zeichnet sich durch herausragende Initiative, überzeugende Motivationskraft, sichtbare Leistungsstärke und fachliches Können aus
- ✓ durch ihr vorbildliches Verhalten erreicht die Führungskraft eine hohe Leistungsbereitschaft ihrer Mitarbeiter
- ✓ die Führungskraft erkennt sowohl sehr gute Leistungen als auch Fehler und Schwächen
- ✓ sie äußert sich anerkennend, wenn ein Mitarbeiter sehr gute Arbeit leistet - auch in größerer Runde
- ✓ die Führungskraft beteiligt ihre Mitarbeiter unmittelbar am Erfolg gemeinsamer Arbeitsergebnisse
- ✓ die Führungskraft sucht die Ursachen von Misserfolgen zunächst bei sich selbst
- ✓ wenn Kritik notwendig ist, äußert sie die Führungskraft direkt gegenüber den Betroffenen
- ✓ sie übt Kritik an der Sache, nicht an der Person
- ✓ Kritik wird stets mit Hinweisen zur Verbesserung verbunden

- ✓ die Führungskraft achtet darauf, dass sich niemand auf Kosten anderer profiliert - genauso profiliert sie sich nicht auf Kosten ihrer Mitarbeiter oder Kollegen

- ✓ die Führungskraft weiß, dass das Leistungs- und Entwicklungspotential nur dann voll ausgeschöpft werden kann, wenn die Arbeit eine Herausforderung bleibt

- ✓ dies kann die Führungskraft durch die Übertragung höherwertiger und zusätzlicher Aufgaben erreichen, diese Aufgaben und Ziele müssen den Potentialen der Mitarbeiter entsprechen

- ✓ die Führungskraft ermutigt ihre Mitarbeiter, Missstände nicht nur aufzuzeigen, sondern auch konstruktive Lösungsvorschläge zu benennen

- ✓ die Führungskraft weiß, dass Höchstleistung neben fachlicher und sozialer Kompetenz nur durch Disziplin und Festigung des Zusammengehörigkeitsgefühls erreicht werden kann

Vertrauen schaffen

- ✓ gegenseitiger Respekt, Vertrauen sowie Aufmerksamkeit der Führungskraft gegenüber betrieblichen, familiären und persönlichen Umständen sind Grundvoraussetzung für eine vertrauensvolle Zusammenarbeit

- ✓ die Führungskraft führt ihre Mitarbeiter zielgerichtet, konsequent, individuell und möglichst direkt und wahrt die ihrer Stellung im Unternehmen angemessene Zurückhaltung bei Äußerungen oder Zusagen

✓ die Führungskraft verhält sich loyal gegenüber dem Unternehmen, ihren Mitarbeitern und ihrer Aufgabe

✓ die Führungskraft spricht weder über Kollegen und Mitarbeiter noch über das Unternehmen in abfälliger oder ehrverletzender Weise

✓ die Führungskraft wirkt Gerüchten und Intrigen innerhalb ihres Verantwortungsbereichs frühzeitig und konsequent entgegen und schreitet ein, wenn negativ über nicht Anwesende gesprochen wird

✓ die Führungskraft schreitet bei zwischenmenschlichen Störungen oder persönlichem Fehlverhalten im Mitarbeiterkreis mit Auswirkungen auf das Leistungsverhalten und das Arbeitsklima sofort und aktiv ein

✓ die Führungskraft vermeidet Bevorzugungen und Benachteiligungen und lässt andere Meinungen gelten

✓ die Führungskraft behandelt persönliche Informationen sowie personenbezogene Daten stets vertraulich

Kommunikation fördern

✓ ein ständiger gegenseitiger Informations- und Erfahrungsaustausch ist Voraussetzung erfolgreicher Arbeit

- ✓ die Mitarbeiter erhalten von ihrer Führungskraft alle Informationen, die zur Erledigung der Aufgabe erforderlich sind und die sie benötigen, um Zusammenhänge und Entwicklungen im Unternehmen verstehen zu können

- ✓ darüber hinaus verlangt die Führungskraft von ihren Mitarbeitern, dass sie sich relevante Informationen, die sie zur Erledigung ihrer Aufgaben benötigen, soweit es ihnen möglich ist, auch selbst einholen

- ✓ die Führungskraft führt in regelmäßigen Abständen Besprechungen mit ihren Mitarbeitern durch, außerdem steht sie ihren Mitarbeitern für Einzelgespräche zur Verfügung

- ✓ die Führungskraft hält ihre Mitarbeiter an, wichtige Fehlentwicklungen und Erkenntnisse in ihrem Verantwortungsbereich rechtzeitig mitzuteilen

- ✓ die Führungskraft fördert den Dialog und ermutigt ihre Mitarbeiter zu konstruktiver Kritik und zu Verbesserungsvorschlägen, dabei hält sie ihre Mitarbeiter zu sachlicher Information an und unterbindet ziellose Diskussionen

- ✓ die Führungskraft muss erreichen, dass Mitarbeiter sich konstruktiv mit Lob und Kritik auseinandersetzen und offen ihre Meinung äußern, ebenso stellt sich die Führungskraft auch der Kritik ihrer Mitarbeiter

Formulierung Führungsgrundsätze im Unternehmen

In der Vergangenheit („früher")

- ✓ es ist alles „von oben" herab machbar

- ✓ perfekte Organisation und Bürokratie sind der Schlüssel zum Erfolg

- ✓ eine „starke Hand" mit direkten Anweisungen führt „mechanisch linear" zum Erfolg

In der Gegenwart („heute")

- ✓ zunehmende Komplexität erfordert mehr Vertrauen in die Fähigkeit der Mitarbeiter, sich selbst zu organisieren

- ✓ es ist Aufgabe der Führungskraft, diese Fähigkeiten zu fördern

- ✓ es ist unmöglich, als Führungskraft alle Prozesse zu beherrschen

- ✓ eine Regelung im Detail ist nicht möglich, besser ist es Rahmenbestimmende Regeln mit Freiräumen zu schaffen

Formulierung Führungsgrundsätze:

- ✓ dem Mitarbeiter Freiraum geben und Grenzen festsetzen
- ✓ den Mitarbeiter fördern und fordern
- ✓ Beurteilung als Feedback und Motivation

Aufbau Führungsgrundsätze im Unternehmen

- **Einleitung**
- **Aussagen zu Rechten und Pflichten des Vorgesetzten**
- **Aussagen zu Rechten und Pflichten des Mitarbeiters**
- **Allgemeine Grundsätze zur Personalorganisation**

Im Detail betrachtet, bedeutet dies folgendes:

Einleitung

- ✓ zum Beispiel „vertrauensvolle Zusammenarbeit" und „partnerschaftliche Kommunikation"

Aussagen zu Rechten und Pflichten des Vorgesetzten

- ✓ zum Beispiel Besetzung eines Mitarbeiters unabhängig vom Geschlecht

Aussagen zu Rechten und Pflichten des Mitarbeiters

- ✓ zum Beispiel ein Mitarbeiter informiert seine Kollegen und Vorgesetzten rechtzeitig über Aufgabenbezogene Tatbestände

Allgemeine Grundsätze zur Personalorganisation

- ✓ zum Beispiel Führungspositionen im Unternehmen durch eigene Mitarbeiter zu besetzen

Sinn und Nutzen Führungsgrundsätze im Unternehmen

Abbildung 3 - Nutzen Führungsgrundsätze

Im Detail betrachtet, bedeutet dies folgendes:

Nutzen für das Unternehmen

- ✓ zur öffentlichen Selbstdarstellung
- ✓ zur Festlegung von Normen
- ✓ zur Vereinheitlichung des Führungsstils

Nutzen für die Unternehmensleitung

- ✓ zur Expansion des Unternehmens
- ✓ zur Globalisierung

Nutzen für die Führungskraft

- ✓ als Orientierungshilfe zur Führung
- ✓ als Grundlage für Organisation und Personalentwicklung

Nutzen für den Mitarbeiter

- ✓ als Informationsquelle über grundlegende Normen und Erwartungen des Unternehmens
- ✓ als Orientierungsrichtlinie
- ✓ zur Aktivierung des „Wir-Gefühls" und zur Steigerung der Motivation

Führungsgrundsätze bewirken:

- ✓ **mehr Führungssicherheit**
- ✓ **mehr Führungsverbindlichkeit**
- ✓ **mehr Führungstransparenz**
- ✓ **mehr Leistungsorientierung**
- ✓ **mehr** organisatorischen und psychologischen **Gestaltungsraum**

1.2 Führungsaufgaben

Führung im Allgemeinen

Führung im Allgemeinen wird im Personalmanagement oft mit folgender Aussage definiert:

> **Führung** bedeutet, einen Mitarbeiter bzw. eine Gruppe, unter Berücksichtigung der jeweiligen Situation, auf gemeinsame Werte, Visionen, Strategien und Ziele der Organisation hin zu beeinflussen

Wie auf den vorangegangenen Seiten schon kurz angesprochen, heißt Führung **einfach** gesagt, **Mitarbeiter so zu beeinflussen** (= im Sinne von „einbeziehen beziehungsweise mitnehmen"), das **alle** an **„einem Strang ziehen"**.

Merkmale dafür sind:

- ✓ es existieren mindestens **zwei Personen** (= Führender und Geführter)

- ✓ **soziale Interaktion**, d.h. es besteht eine wechselseitige Beziehung

- ✓ die **Führung** muss **zielorientiert** sein

Ob Vorgesetzte erfolgreich führen hängt wesentlich ab von:

- ✓ Ihrer **Einstellung** zur Führung
- ✓ Ihrem **Führungsstil**
- ✓ Ihrer **Fähigkeit zur Führung**
- ✓ den **Merkmalen der Führungssituation**

> 💡 Nur wer sich selbst gut führen kann, ist fähig andere zu führen!

Einflussfaktoren der Führung

Einflussfaktoren der Führung sind:

- ✓ der **Vorgesetzte** (Persönlichkeit, Autorität, Führungsstil, Erfahrung, Kompetenz usw.)
- ✓ der **Mitarbeiter** (Persönlichkeit, Autorität, Erfahrung, Fähigkeiten, Alter, Geschlecht usw.)
- ✓ die **betrieblichen Rahmenbedingungen** (Organisation, Arbeitsklima, Entlohnung usw.)

Schlüsselqualifikationen einer Führungskraft

Die wichtigsten **Schlüsselqualifikationen** einer Führungskraft sind mindestens folgende Kompetenzen (siehe auch ergänzend dazu **Kapitel 3.1**):

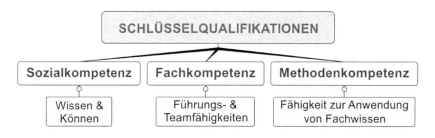

Abbildung 4 - Schlüsselqualifikationen

Im Detail betrachtet, bedeutet dies folgendes:

Fachkompetenz (= **fachliche** Kompetenz)

- ✓ technische Fachkenntnisse
- ✓ kaufmännische Fachkenntnisse
- ✓ Berufserfahrung

Fachkompetenz = Wissen & Können

Sozialkompetenz (= **persönliche** Kompetenz einschließlich Führungskompetenz)

- ✓ Belastbarkeit
- ✓ Entscheidungsfreudigkeit
- ✓ Selbstständigkeit
- ✓ Flexibilität
- ✓ Improvisationsfähigkeit
- ✓ Führungsqualität
- ✓ Führungserfahrung
- ✓ Motivationsfähigkeit
- ✓ Teamfähigkeit
- ✓ Verhandlungsgeschick

Sozialkompetenz = Führungs- & Teamfähigkeit

Methodenkompetenz (= **Management**fähigkeiten)

- ✓ Kenntnisse der Managementinstrumente
- ✓ Kenntnisse des Unternehmens
- ✓ Kenntnisse der Unternehmensleitung
- ✓ Organisationsfähigkeit

> 💡 **Methodenkompetenz** = Fähigkeit zur richtigen Anwendung von Fachkenntnissen

Autorität

Autorität wird als eine Form der Macht bezeichnet, die eine als positiv empfundene Berechtigung hat.

Autorität setzt also ein gewisses Maß an Zustimmung des zu Beeinflussenden voraus.

- Amtsautorität
- Fachliche Autorität
- Persönliche Autorität

Im Detail betrachtet, bedeutet dies folgendes:

Amtsautorität

- ✓ diese kann auf Grund der Übernahme eines Amtes beziehungsweise einer Person beruhen
- ✓ hierarchische Einordnung (Prokura, Professor, Doktor usw.)

Fachliche Autorität

- ✓ Fachkompetenz
- ✓ Sozialkompetenz
- ✓ Methodenkompetenz

Persönliche Autorität

- ✓ Charisma
- ✓ Authentizität
- ✓ Vertrauen
- ✓ Loyalität

> 💡 **Persönliche Autorität** ist die wichtigste Form der Autorität

1.3 Führungsverhalten und Führungsstil

Führungsverhalten

Das **Führungsverhalten** orientiert sich an einem Führungsstil, ist aber Situations- und Aufgabengebunden. Es bezieht sich auf die konkrete Handlung in unterschiedlichen Situationen.

Führungsstil

Der **Führungsstil** ist eine bestimmte Grundeinstellung oder Haltung des Führenden, abhängig von dessen Menschenbild und Persönlichkeit.

Führungsstile in der Vergangenheit („früher")

- **patriarchalischer Führungsstil**
- **charismatischer Führungsstil**
- **autokratischer Führungsstil**
- **bürokratischer Führungsstil**

Im Detail betrachtet, bedeutet dies folgendes:

patriarchalischer Führungsstil

- ✓ der Patriarch hat Vorbildfunktion und genießt Vertrauen (sinngemäß **„Der Pate"**)
- ✓ er selbst ist gegenüber dem Mitarbeiter zur Treue und Fürsorglichkeit verpflichtet
- ✓ der Patriarch selbst verlangt von seinen Mitarbeitern Dankbarkeit, Loyalität, Gehorsam und Treue

charismatischer Führungsstil

- ✓ der Vorgesetzte beansprucht seinen Führungsanspruch auf Grund seiner Person
- ✓ Vorgänger, Nachfolger oder Vertreter kennt dieser Führungsstil **nicht**
- ✓ alles ist auf eine Person ausgerichtet (sinngemäß **„Der Führende"**)

autokratischer Führungsstil

- ✓ der Autokrat benutzt zur Ausübung eine Hierarchie, wobei die untergeordneten Instanzen Die Entscheidung des Autokraten durchsetzen
- ✓ sehr oft Willkürentscheidungen

bürokratischer Führungsstil

- ✓ ist die extremste Form der Strukturierung und Reglementierung organisatorischer Verhaltensweisen

- ✓ an die Stelle der Willkür eines Autokraten tritt hierbei die „Sachkompetenz" des Bürokraten (sinngemäß **„Der Beamte"**)

Führungsstile in der Gegenwart („heute")

Die vorherrschenden Erklärungsmodelle für die „modernen" Führungsstile der Gegenwart gehen von zwei Betrachtungsrichtungen aus:

Im Mittelpunkt der **ersten Betrachtung** steht der **Vorgesetzte**

- ✓ mit seinem **Verhalten** (Verhaltensansatz)

- ✓ mit seinen **Eigenschaften** (Eigenschaftenansatz)

Im Mittelpunkt der **zweiten Betrachtung** steht die Anzahl der **Dimensionen, die das Führungsverhalten beeinflussen.**

Die Ergebnisse dieser Lehre sind heute in der Praxis vorherrschend bekannt als:

- **1-dimensionaler Führungsstil**
  (= Grad der Mitarbeiterbeteiligung)

- **2-dimensionaler Führungsstil**
  (= Mitarbeiterorientierung & Aufgabenorientierung)

- **3-dimensionaler Führungsstil**
  (= Führungskraft, Mitarbeiter, Situation)

> 💡 Jede Situation erfordert Ihren eigenen Führungsstil, abgestimmt auf die verschiedenen Menschen und deren verschiedene Charaktere

Nachfolgend die nähere Beschreibung der **X**-dimensionalen Führungsstile.

Der 1-dimensionale Führungsstil

```
┌─────────────────────────────────────┐
│   1-DIMENSIONALER FÜHRUNGSSTIL      │
└─────────────────────────────────────┘
                   │
┌─────────────────────────────────────┐
│   Grad der Mitarbeiterbeteiligung   │
└─────────────────────────────────────┘
```

Abbildung 5 - Führungsstil 1-dimensional

- ✓ **autoritärer Führungsstil**, d.h. der „Führer" ist der Herr und die „Geführten" sind die Untergebenen, welche dem „Herren" zu dienen und zu gehorchen haben

- ✓ **kooperativer (= partnerschaftlicher) Führungsstil**, d.h. es gibt eine Gleichheit zwischen „Führer" und „Geführten", dabei lenkt und koordiniert der „Führer" das Zusammenwirken der Gruppe

- ✓ **„Laissez-faire" Führungsstil** *(= einfach gewähren lassen),* d.h. Ziele und Methoden werden weitgehend durch die Gruppe beziehungsweise den Mitarbeiter bestimmt, man spricht deshalb auch vom **„System der Nichtführung"**

- ✓ **despotischer Führungsstil**, d.h. der „Herr im Haus"

- ✓ **paternalistischer Führungsstil**, d.h. ein Despot mit sozialem Verantwortungsbewusstsein

- ✓ **pädagogischer Führungsstil**, d.h. ein Patriarch, der seine Mitarbeiter durch Förderung zu größerer Selbstständigkeit erziehen will

- ✓ **partizipativer Führungsstil**, d.h. die Anerkennung des Mitarbeiters als „Werte tragender Mensch"

- ✓ **partnerschaftlicher Führungsstil**, d.h. Selbstbestimmung und partnerschaftliche Beteiligung der Mitarbeiter an der Entwicklung der Unternehmensziele

💡 Der **1**-dimensionale Führungsstil = **EINE** Orientierungsgröße, das bedeutet den **Grad der Mitarbeiterbeteiligung**

Der 2-dimensionale Führungsstil

Abbildung 6 - Führungsstil 2-dimensional

Mitarbeiterorientierter Führungsstil, d.h. die Bedürfnisse und Erwartungen der Mitarbeiter stehen im Mittelpunkt.

Kennzeichen für den Mitarbeiterorientierten Führungsstil können sein:

- ✓ auf das Wohlergehen der Mitarbeiter achten
- ✓ Mitarbeiter gleichberechtigt behandeln
- ✓ Unterstützung der Mitarbeiter
- ✓ Bemühung um gutes Verhältnis zu den Mitarbeitern
- ✓ Einsatz für die Mitarbeiter

Aufgabenorientierter Führungsstil, d.h. die Aufgabe beziehungsweise das Ziel steht im Vordergrund des Handelns.

Kennzeichen für den Aufgabenorientierten Führungsstil können sein:

- ✓ Ausrichtung auf Produktion, Ergebnisse und Gewinn
- ✓ Priorität von Arbeitsqualität und Arbeitsquantität
- ✓ Motivation von Mitarbeitern zu größerer Anstrengung
- ✓ schnelle Trennung von leistungsschwachen Mitarbeitern

> 💡 Der **2-dimensionale** Führungsstil = **ZWEI** Orientierungsgrößen, das bedeutet **Mitarbeiterorientierung** und **Aufgabenorientierung**

Der 3-dimensionale Führungsstil

Abbildung 7 - Führungsstil 3-dimensional

✓ **situativer Führungsstil**, d.h. die Führungskraft begreift sich als „Coach"

Abbildung 8 - Führungsstil 3-dimensional

Die Führungskraft kümmert sich somit um sein Team Mit den Instrumenten **Unterstützung, Beratung** sowie **Motivation** - und das nicht immer nur unbedingt fachlich.

> 💡 Der **3**-dimensionale Führungsstil = **DREI** Orientierungsgrößen, das bedeutet **Führungskraft, Mitarbeiter** sowie die **Situation** und beschreibt damit das „**situative Führen**"

Fazit:
In der Praxis gibt es **keinen** idealtypischen Führungsstil in Reinkultur, sondern nur Mischformen.
Diese sind **Situations-** und **Charakterabhängig**, d.h. dem Reifegrad des Mitarbeiters entsprechend (zum Beispiel Auszubildender oder älterer Mitarbeiter) und mit Grundtendenzen zu einer bestimmten Prägung.

Führen heißt heute mehr denn je **überzeugen** und **nicht anordnen** Kraft hierarchischer Ebene und Position!

Darum gilt auch hier:

> 💡 Nur wer sich selbst gut führen kann, ist fähig andere zu führen!

1.4 Führungsverhalten

Management-by-Modelle

Die sogenannten **"Management-by-Modelle"** versuchen konkretes **Führungsverhalten gegenüber Mitarbeitern** zu beschreiben, zu erklären und Handlungsempfehlungen für den Führungsprozess zu geben.

Die Flut der Management-by-Modelle folgt einer Grundregel, d.h. es wird in der Regel eine bestimmte Phase im Managementprozess favorisiert.

Beispiele für die vielen Management-by-Modelle sind unter anderem **Sach**- oder **Personen**bezogene "Management-by-Modelle"

Sachbezogene **Management-by-Modelle**

- **MbE** = **M**anagement-**b**y-**E**xception, ist das Führen nach dem **Ausnahmeprinzip**

- **MbDR** = **M**anagement-**b**y-**D**ecision **R**ules, ist das Führen an Hand von **Entscheidungsregeln**

- **MbR** = **M**anagement-**b**y-**R**esults, ist das Führen durch **Ergebnisorientierung**

- **MbO** = **M**anagement-**b**y-**O**bjectives, ist das Führen durch **Zielvereinbarung**

Personenbezogene **Management-by-Modelle**

- **MbI** = **M**anagement-**b**y-**I**nformation, ist das Führen durch gezielte **Information**

- **MbM** = **M**anagement-**b**y-**M**otivation, ist das Führen durch **Motivation**

- **MbD** = **M**anagement-**b**y-**D**elegation, ist das Führen nach dem **Delegationsprinzip**

> **Management-by-Modelle** sind spezielle Führungstechniken bzw. Führungskonzeptionen

Nachfolgend die nähere Beschreibung der wichtigsten **Management-by-Modelle**:

MbE = Management-by-Exception

Management-by-Exception ist das Führen von Mitarbeitern nach dem **Ausnahmeprinzip**.

Die Mitarbeiter handeln **selbstständig** im vom Vorgesetzten definierten (umfangreichen) Handlungsspielraum.

Dieser Handlungsspielraum ist durch die Festlegung von Normal- und Ausnahmefall klar definiert. Dies bedeutet, dass die Mitarbeiter im Normalfall allein entscheiden und nur im Ausnahmefall wird ein Fall dem Vorgesetzten zur Entscheidung vorgelegt.

Das Eingreifen des Vorgesetzten im Sinne von „Gegensteuern" beziehungsweise „das Ruder wieder herumreißen" erfolgt **nur im Ausnahmefall (Notfall)**.

Ansonsten kann sich der Mitarbeiter bei der Aufgabenerfüllung „frei entfalten".

Die Kompetenz ist entweder auf die **Aufgabe** oder das **Ziel** bezogen.

💡 **MbE** = **M**anagement-**b**y-**E**xception, ist das Führen von Mitarbeitern nach dem **Ausnahmeprinzip**

MbDR = Management-by-Decision Rules

Management-by-Decision Rules ist das Führen von Mitarbeitern an Hand von klaren **Entscheidungsregeln**.

Das Management-by-Modell **Management-by-Decision Rules** ist ein **Sonderfall** des Management-by-Exception.

Der Unterschied vom **Management-by-Decision Rules** zum Management-by-Exception ist hierbei die stärkere **Reglementierung**, d.h. es sind nicht nur Ausnahmefälle, sondern **generelle Entscheidungsregeln fixiert**.

> 💡 **MbDR** = **M**anagement-**b**y-**D**ecision **R**ules, ist das Führen von Mitarbeitern an Hand von **Entscheidungsregeln**

MbD = Management-by-Delegation

Management-by-Delegation ist das Führen von Mitarbeitern nach dem **Delegationsprinzip**.

Hierbei ist der Hauptinhalt die **Delegation** von **Aufgabe, Kompetenz** und **Verantwortung**.

Hauptziel ist, durch **Motivation** und **Aufgabenverteilung** in die unteren Ebenen, den Gesamtbetrieb effektiver zu gestalten. **Verantwortung** und **Entscheidungsbefugnis** sind auf die untersten Ebenen zu **delegieren**.

> 💡 **MbD** = **M**anagement-**by**-**D**elegation, ist das Führen von Mitarbeitern nach dem **Delegationsprinzip**

Harzburger Modell

Das **Harzburger Modell** wiederum ist eine **Weiterentwicklung** des **Management-by-Delegation** (MbD) und ist ein „typisch deutsches" Modell, sprich dieses Modell wird zum Beispiel angewendet im öffentlichen Dienst bei Beamten, in der Schadensregulierung in Versicherungen oder Kreditvergaben bei Banken und betrifft **alle** Hierarchien.

Beim **Harzburger Modell hat** der **Vorgesetzte** die **alleinige Führungsautorität** und **Fürsorgepflicht**.

Beim Einsatz dieses Modells werden nur (Teil) Aufgaben an den Mitarbeiter delegiert und dabei wird Kontrolle „großgeschrieben".

Grundlage für die Delegation der (Teil) Aufgaben ist die Stellenbeschreibung, welche zwingend vorhanden sein muss - einschließlich der ausführlichen Beschreibung von Umfang, Form und Verfahren der Dienstaufsicht.

Das **Harzburger Modell** gilt somit als **versteckt autoritär**.

💡 **Harzburger Modell** = der Mitarbeiter wird zum reinen **Befehlsempfänger** degradiert

---

MbR = Management-by-Results

Management-by-Results ist das Führen von Mitarbeitern durch **Ergebnisorientierung**.

Dieses Modell ist eine **Mischung aus MbO** (Management-by-Objectives) und **MbD** (Management-by-Delegation).

Hauptinhalt des **Management-by-Results** ist die **Vorgabe von** Ergebnissen - genauer gesagt erfolgt hierbei eine Ziel**vorgabe** statt einer Ziel**vereinbarung**.

> **MbR** = **M**anagement-**b**y-**R**esults, ist das Führen von Mitarbeitern durch **Ergebnisorientierung**

Nachfolgend nun die nähere Beschreibung des **bekanntesten** und **wichtigsten** (!) aller Management-by-Modelle - dem **Management-by-Objectives**:

MbO = Management-by-Objectives

Management-by-Objectives eine Führungstechnik, bei der Vorgesetzte und Mitarbeiter **gemeinsam** zu erreichende **Ziele festlegen**, diese regelmäßig überprüfen und gegebenenfalls anpassen.

Management-by-Objectives ist das Führen von Mitarbeitern durch **Zielvereinbarung**.

- ✓ die Entscheidungsebenen arbeiten **gemeinsam** an der Zielfindung

- ✓ dabei legen Mitarbeiter und Vorgesetzter **gemeinsam** das Ziel fest, sie überprüfen es regelmäßig und passen das Ziel gegebenenfalls an, d.h. **Zielvereinbarung statt Zielvorgabe**

- ✓ die Wahl der einzusetzenden Mittel bleibt dem Mitarbeiter überlassen, d.h. die **Zielerreichung ist der Erfolg**

- ✓ während der Laufzeit ist ein Feedback erforderlich, zum Beispiel durch regelmäßige Besprechungen, Meilensteingespräche oder Zwischenstandmeetings

- ✓ diese Methode soll Bürokratie und Unbeweglichkeit entgegen wirken - Kriterien hierbei sind Effektivität und Zweck

- ✓ die **Leistung** wird im **SOLL/IST-Vergleich** beurteilt

Beim **Management-by-Objectives** werden nun aus dem **Unternehmensleitbild** die **Unternehmensziele** abgeleitet und dann organisationsweit über die einzelnen Ebenen hinweg auf den Mitarbeiter „herunterprojiziert".

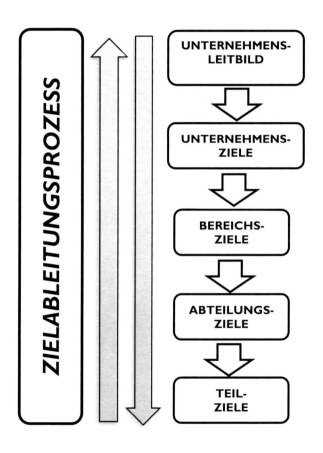

Abbildung 9 - Ableitung der Unternehmensziele aus dem Leitbild

Ziele der Führungstechnik Management-by-Objectives

- ✓ einheitliche Ausrichtung des Unternehmens
- ✓ Transparenz
- ✓ Motivation zur Arbeit
- ✓ Orientierung der Mitarbeiter

Anforderungen an Ziele der Führungstechnik Management-by-Objectives

- ✓ Zielvereinbarung kann nur dann als Führungsinstrument erfolgreich wirken, wenn die **Ziele nicht vorgegeben**, sondern zwischen Führungskraft und Mitarbeiter gemeinsam vereinbart werden
- ✓ Natürlich müssen die **Ziele** dabei **realistisch**, d.h. erreichbar **sein**

Bei den im Management-by-Objectives benötigten Anforderungen an die Zielformulierung kann man das sogenannte **SMART-Prinzip** anwenden.

(**SMART**) **Ziele müssen demnach...**

- S - **S**pezifisch
- M - **M**essbar
- A - **A**kzeptiert
- R - **R**ealistisch
- T - **T**erminiert

...sein.

Dies bedeutet im Einzelnen, das Ziele konkret formuliert sein (also **Spezifisch**) und quantitative Zahlen – zum Beispiel Prozente, Stückzahlen, Geldeinheiten oder ähnliches - dahinterstehen müssen (also **Messbar**).

Weiterhin ist es zwingend notwendig, dass die Ziele für den Mitarbeiter, auch vom Mitarbeiter selbst anerkannt werden (also **Akzeptiert**) und die Ziele für den Mitarbeiter auch reell erreichbar sein müssen (also **Realistisch**).

Schlussendlich ist es wichtig, das Ziele mit einem Enddatum (Deadline) versehen sind (also **Terminiert**).

Vorteile und Nachteile der Führungstechnik Management-by-Objectives

Vorteile

- ✓ Steigerung der Motivation
- ✓ Zufriedenheit des Mitarbeiters durch Beteiligung an der Zielformulierung
- ✓ Erfolgserlebnisse des Mitarbeiters
- ✓ objektive Beurteilung des Mitarbeiters anhand des erreichten Ergebnisses
- ✓ Förderung der Kommunikation

Nachteile

- ✓ überhöhter Leistungsdruck bei Fehleinschätzung der Ziele
- ✓ überhöhter Leistungsdruck bei Zielvorgabe statt Zielvereinbarung

---

💡 **MbO** = **M**anagement-**b**y-**O**bjectives ist das Führen von Mitarbeitern durch **Zielvereinbarung**

1.5 Führungsinstrumente

Führungsaufgaben

Die **Führungsaufgaben** sind Funktionen die eine Führungskraft wahrzunehmen hat, zum Beispiel **Zielsetzungen** formulieren und planen sowie **Entscheidungen** zu treffen und diese zu koordinieren.

Führungsinstrumente

Die **Führungsinstrumente** sind Mittel und Verfahren zur Gestaltung des Führungsprozesses, beispielsweise motivieren, fördern und Konflikte lösen oder auch beurteilen, kritisieren sowie delegieren.

> 💡 **Führungsinstrumente** sind das **Mittel**, welches die Führungskraft anzuwenden hat

Formulierung von Zielen

Eine der Voraussetzungen für erfolgreiche Führungsarbeit ist immer, dass die Verhaltensbeeinflussung der Mitarbeiter zielorientiert erfolgt, zum Beispiel nach Zielen des Unternehmens und den Zielen der Mitarbeiter.

Die Formulierung von Zielen kann grundsätzlich im Wege der Ziel**setzung** oder der Ziel**vereinbarung** erfolgen.

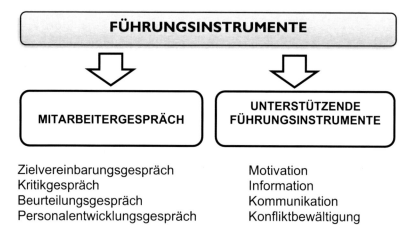

Abbildung 10 - Führungsinstrumente

Das Mitarbeitergespräch

Grundlage für jedes Gespräch ist es, immer das Ziel herauszuarbeiten beziehungsweise zu definieren - sowie die zugehörige organisatorische Vorbereitung.

Das bedeutet:

- ✓ rechtzeitige Terminvereinbarung
- ✓ rechtzeitige Terminbekanntgabe
- ✓ pünktlicher Beginn
- ✓ neutraler Raum
- ✓ ungestört „unter 4 Augen"
- ✓ kein Zeitdruck (mit Zeitpuffer)

} = **angenehme Atmosphäre**

💡 Das **Mitarbeitergespräch** ist das zentrale **Element** der Führung

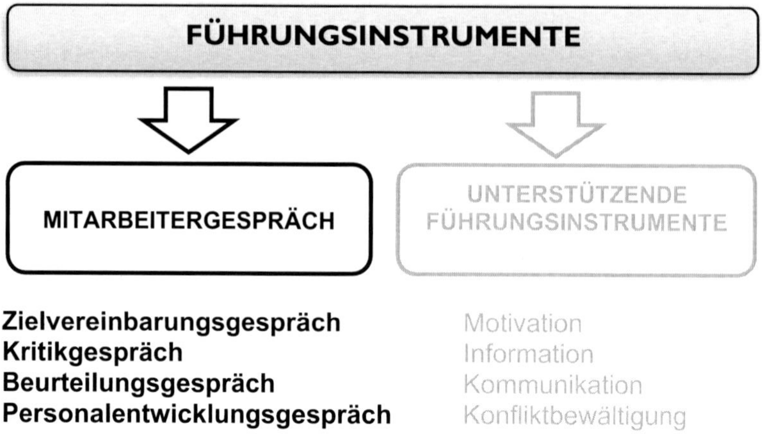

```
                    FÜHRUNGSINSTRUMENTE

              ⇩                              ⇩

    ┌─────────────────────┐        ┌─────────────────────┐
    │                     │        │   UNTERSTÜTZENDE    │
    │  MITARBEITERGESPRÄCH│        │  FÜHRUNGSINSTRUMENTE│
    │                     │        │                     │
    └─────────────────────┘        └─────────────────────┘
```

Zielvereinbarungsgespräch   Motivation
Kritikgespräch   Information
Beurteilungsgespräch   Kommunikation
Personalentwicklungsgespräch   Konfliktbewältigung

Abbildung 10 - Führungsinstrumente

Das Zielvereinbarungsgespräch

Die Führungskraft bringt Ziele, zum Beispiel Unternehmensziele, Bereichsziele oder Abteilungsziele aus seinen Besprechungen mit.

> 💡 Das **Zielvereinbarungsgespräch** ist der Hauptbestandteil des Führungsprinzips „Management-by-Objectives" (MBO)

Der Mitarbeiter muss nun in Absprache mit seiner Führungskraft **eigene Ziele** erarbeiten, um das Gesamtziel, zum Beispiel das der Abteilung zu erreichen.

Die Zielsetzung ist nur dann ein Führungsinstrument, wenn die Ziele **nicht von der Führungskraft vorgegeben** werden, sondern **zwischen dem Mitarbeiter und der Führungskraft** gemeinsam vereinbart werden!

Der Mitarbeiter muss auf die Zielsetzung einwirken können, damit die Ziele realistisch bleiben und der Mitarbeiter sich mit den Zielen identifizieren kann.

Daher muss in einem Gespräch zwischen Mitarbeiter und Führungskraft eine **gemeinsame Zielvereinbarung** erfolgen.

Ganz wichtig dabei ist, das Ziele nach dem **SMART Prinzip** definiert sein müssen, also:

- ✓ **S**pezifisch
- ✓ **M**essbar
- ✓ **A**kzeptiert
- ✓ **R**ealistisch
- ✓ **T**erminiert

Durch Zielsetzungen soll dann folgendes erreicht werden:

- ✓ einheitliche Ausrichtung des Unternehmens
- ✓ Transparenz
- ✓ Motivation zur Arbeit
- ✓ Orientierung der Mitarbeiter

Leitfaden Zielvereinbarungsgespräch

- ✓ Bereichsziele aus dem übergeordneten Zielsystem besprechen und auf den Aufgabenbereich des Mitarbeiters „herunterprojizieren"
- ✓ Inhaltliche Vereinbarung zwischen Vorgesetzten und Mitarbeiter über konkrete Ziele, Schwerpunkte und Prioritäten
- ✓ Diskussion über vorhersehbare Probleme und Schwierigkeiten bei der Zielerreichung
- ✓ Vereinbarung der Rahmenbedingungen, wie Maßstäbe zur Überprüfung der Zielerreichung (Quantität, Qualität, Kosten), Termine für Zwischenüberprüfungen, Zeitrahmen beziehungsweise Endtermine
- ✓ Überprüfung der Ressourcen des Mitarbeiters, d.h. ausreichende Kenntnisse und Fähigkeiten des jeweiligen Mitarbeiters müssen vorhanden sein
- ✓ gegebenenfalls zusätzliche Qualifizierungsmaßnahmen festlegen

Das Kritikgespräch

Das **Kritikgespräch** (im negativen Sinne) ist eine **wertende Rückmeldungen** über die **Leistung** und das **Verhalten** von Mitarbeitern.

> 💡 Bewertet werden immer nur das Verhalten und die Leistung - **NIEMALS die Person**

Anlässe für ein Kritikgespräch

- ✓ wenn eindeutige Vorgaben besprochen und nicht eingehalten wurden

- ✓ wenn wiederholt auf Fehlverhalten hingewiesen wurde, sich danach aber keine Verhaltensänderung eingestellt hat

- ✓ wenn der Mitarbeiter gegen verbindliche Vorschriften oder bestimmte Arbeitsabläufe verstoßen hat

Kritik ist die **Vorstufe** vom Konflikt

Konstruktive Kritik

Konstruktive Kritik ist sachlich und man „baut" auf die gemachten Fehler auf, damit diese Fehler zukünftig **nicht** mehr auftreten.

Wie soll konstruktive Kritik am besten erfolgen?

- ✓ Beschreiben des Sachverhaltes
- ✓ Stellungnahme anhören
- ✓ Aufzeigen der Auswirkungen auf die Aufgabe und auf mich als Kritisierender
- ✓ Änderungen erbitten und vorschlagen

Grundvoraussetzungen für ein Kritikgespräch

> 💡 Der Kritisierte muss Einsicht zeigen, sonst ist das Kritikgespräch nicht fruchtbar, d.h. der „Maßstab ist OK" und die „Einsicht wird erzeugt"

„**Der Maßstab ist OK**", heißt in jedem Kritikgespräch wird vorausgesetzt:

- ✓ ein **Maßstab** hat existiert und **ist bekannt**, zum Beispiel eine Betriebsvereinbarung
- ✓ der Maßstab wurde vom Mitarbeiter akzeptiert
- ✓ es liegt eine SOLL/IST-Abweichung vor
- ✓ die Abweichung ist vom anderen gedanklich nachvollziehbar

„**Die Einsicht wird erzeugt**", heißt das Kritikgespräch muss so geführt werden, dass beim Mitarbeiter **Einsicht über sein Fehlverhalten** erzeugt wird und er damit bereit ist dieses Fehlverhalten aus **eigener Überzeugung** abzustellen.

Die Phasen eines Kritikgesprächs

Phase 1	**Kontakt gestalten**, d.h. sachlicher Gesprächsbeginn _ohne_ Vorhaltungen
Phase 2	**Standpunkte klären**, d.h. der Mitarbeiter wird um Erklärung für sein Fehlverhalten gebeten und die negativen Folgen des Verhaltens werden aufgezeigt
Phase 3	**Hintergründe klären**
Phase 4	**Zielvereinbarung schließen**, d.h. die an den betreffenden Mitarbeiter gerichteten Erwartungen werden besprochen sowie der Informations- und Meinungsaustausch werden in der Folgezeit intensiviert
Phase 5	**Gesprächsende**, d.h. der Betroffene sollte bei Beendigung des Gesprächs erkennen, dass man nach wie vor auf seine Leistung setzt und eine Vertrauensbasis für die weitere Zusammenarbeit besteht

Tabelle 2 - Die Phasen eines Kritikgesprächs

Das Beurteilungsgespräch

Das Hauptziel eines Beurteilungsgespräches soll sein, bestehende Stärken und Potentiale des Mitarbeiters herauszuarbeiten und diese in seinem Interesse sowie im Interesse des Unternehmens einzusetzen beziehungsweise effektiv zu nutzen *(Stichwort Personaleinsatzplanung)*.

Die beim Mitarbeiter festgestellten Schwachstellen sind zu analysieren, die Ursachen zu ermitteln und **gemeinsam** Verhaltensmaßnahmen zur Gegensteuerung einzuleiten – und zwar mit Blick in die Zukunft!

Das Beurteilungsgespräch gibt dem **Mitarbeiter** ein „Spiegelbild" seiner Person, wie seine fachlichen Kenntnisse und persönlichen Fähigkeiten von anderen Mitarbeitern, Kollegen o.ä. gesehen werden.

Das Beurteilungsgespräch gibt der **Führungskraft** Informationen, die gezielte Eingriffe zum Beispiel Korrektur oder Förderung zulassen. Es soll beim Mitarbeiter durch die besprochenen Ergebnisse eine positiver Verhaltensänderung bewirken und somit Leistungsstimulierend sein.

Dies alles ist nur durch kompetente und sorgfältige Beurteilung erreichbar!

Ziele Beurteilungsgespräch aus Sicht des Mitarbeiters

- ✓ Beurteilung schafft Orientierung und Leistungsanreize

- ✓ Mitarbeiter erhält Feedback wie er im Unternehmen, in der Abteilung, Gruppe oder im Team gesehen wird

Ziele Beurteilungsgespräch aus betrieblicher Sicht

- ✓ Objektivierung der Personalarbeit, d.h. Gewinnung eines klaren Maßstabes, Vergleichbarkeit der Mitarbeiterleistung
- ✓ vorhandene Mitarbeiterpotenziale können erkannt werden
- ✓ Führungskräfte müssen sich mit den Ergebnissen Ihrer Führungsarbeit auseinandersetzen
- ✓ Leistungsdefizite werden transparent

Aufgaben der Beurteilung

- ✓ optimaler und wirtschaftlicher Einsatz der Mitarbeiter im Unternehmen
- ✓ Ermittlung des Entgeltes
- ✓ Formulierung von Arbeitszeugnissen
- ✓ Überlegung zur Laufbahn- und Nachfolgebeurteilung

Anlässe der Beurteilung

- ✓ Ablauf der Probezeit
- ✓ Gehaltsüberprüfung
- ✓ in bestimmten Zeitabständen entsprechend dem Zeitraster des Beurteilungssystems

Außerplanmäßige Beurteilungen

- ✓ bei Versetzung, Beförderung, Wechsel des Arbeitsplatzes
- ✓ bei Wechsel des Vorgesetzten
- ✓ bei Austritt des Mitarbeiters

Arten der Beurteilungen

Nach Form

- ✓ freie Beurteilung, d.h. hierbei sind weder Beurteilungskriterien, Verfahren oder Formulare vorgeschrieben
- ✓ gebundene Beurteilung, d.h. vorgegebener Beurteilungsrahmen

Nach Inhalt

- ✓ Leistungsbeurteilung, d.h. hier geht es um die vergangenheits- und gegenwartsbezogene Leistung des Mitarbeiters
- ✓ Potentialbeurteilung, d.h. diese ist zukunftsorientiert und hierbei soll eine Prognose hinsichtlich der zukünftigen Entwicklungsmöglichkeiten des Mitarbeiters getroffen werden

Nach Kriterien

✓ **quantitative** Beurteilung, d.h. nach mathematisch messbaren Merkmalen, zum Beispiel nach Leistungsmenge

✓ **qualitative** Beurteilung, d.h. nach der Qualität, sprich nach der Güte der geleisteten Arbeit

Nach dem Grad der Merkmalsdifferenzierung

✓ **summarische** Beurteilung, d.h. nach Gesamtleistung des Mitarbeiters (keine Einzelkriterien)

✓ **analytische** Beurteilung, d.h. nach Betrachtung einzelner Kriterien

Nach dem Personalumfang

✓ **Einzelbeurteilung**, d.h. nach Leistung des einzelnen Mitarbeiters

✓ **Gesamtbeurteilung**, d.h. nach allen Mitarbeitern des Unternehmens

Phasen des Beurteilungsvorganges

Phase 1	Beobachtung
Phase 2	Beschreibung
Phase 3	Bewertung
Phase 4	Beurteilungsgespräch
Phase 5	Gesprächsauswertung

Tabelle 3 - Die Phasen des Beurteilungsvorganges

Vorbereitung des Beurteilungsgesprächs

Zur **Vorbereitung eines Beurteilungsgesprächs** sollte ein Vorgesetzter:

- ✓ dem Mitarbeiter rechtzeitig den Gesprächstermin und den Inhalt (Agenda) mitteilen
- ✓ Informationen sammeln und strukturieren
- ✓ den Mitarbeiter bitten, sich ebenfalls vorzubereiten
- ✓ den äußeren Rahmen gewährleisten, zum Beispiel keine Störungen (Telefon), ausreichend Zeit, keine Hektik, Vier-Augen-Gespräch

Phasen des Beurteilungsgesprächs

Phase 1	Eröffnung
Phase 2	konkrete Erörterung der **positiven** Gesichtspunkte
Phase 3	konkrete Erörterung der **negativen** Gesichtspunkte
Phase 4	Bewertung der Fakten durch den Mitarbeiter
Phase 5	Vorgesetzte und Mitarbeiter diskutieren (alternative) Maßnahmen
Phase 6	Positiver Gesprächsabschluss mit konkretem Aktionsplan

Tabelle 4 - Die Phasen des Beurteilungsvorganges

Phase 1 - Eröffnung

- ✓ sich auf den Gesprächspartner einlassen
- ✓ auch hier eine zwanglose Atmosphäre schaffen, zum Beispiel keine Störungen (Telefon), ausreichend Zeit, keine Hektik, 4-Augen-Gespräch

Phase 2 - konkrete Erörterung <u>positiver</u> Gesichtspunkte

- ✓ gegebenenfalls positive Veränderungen zur letzten Beurteilung hervorheben
- ✓ den Sachverhalt beurteilen, **nicht** die Person
- ✓ nur die wesentlichen Punkte ansprechen

Phase 3 - konkrete Erörterung <u>negativer</u> Gesichtspunkte

- ✓ gegebenenfalls positive Veränderungen zur letzten Beurteilung hervorheben
- ✓ auch hier den Sachverhalt beurteilen, **nicht** die Person
- ✓ ebenfalls nur die wesentlichen Punkte ansprechen
- ✓ negative Punkte zukunftsorientiert darstellen (Förderungscharakter)

Phase 4 - Bewertung der Fakten durch den Mitarbeiter

- ✓ den Mitarbeiter zu Wort kommen lassen
- ✓ ein interessierter und aufmerksamer Zuhörer sein

Phase 5 - Vorgesetzte und Mitarbeiter diskutieren (alternative) Maßnahmen

- ✓ Hilfestellung nach dem Prinzip „*Hilfe zur Selbsthilfe*" leisten, den Mitarbeiter sozusagen „*selbst darauf kommen lassen*"

- ✓ gegebenenfalls konkrete Hinweise geben und Unterstützungsbereitschaft zeigen

Phase 6 - Positiver Gesprächsabschluss mit konkretem Aktionsplan

- ✓ Zusammenfassung wesentliche Gesichtspunkte

- ✓ Gemeinsamkeiten und Unterschiede klarstellen

- ✓ **gemeinsame Festlegung**: Was unternimmt der Mitarbeiter und was unternimmt der Vorgesetzte?

Nutzen der Mitarbeiterbeurteilung

Mitarbeiter	Führungskraft	Unternehmen
Feedback über die in der Beurteilungsperiode erbrachten Leistungen	**Informationen** über den Leistungsgrad der eigenen Abteilung	**Optimierung** des Personaleinsatzes, d.h. der richtige Mitarbeiter an der richtigen Stelle im Unternehmen
Informationen über die Erwartungen der Führungskraft	**intensive Auseinandersetzung** mit der Leistung und dem Verhalten der eigenen Mitarbeiter	**Entscheidungsgrundlage** für eine gerechte Lohn- und Gehaltsfindung
Information über eigene Stärken und Schwächen	**Kenntnis** der Stärken und Schwächen eigener Mitarbeiter	
Analyse für die Gründe von Nichterreichung von Zielen	**Vermeidung** von Konflikten	

Tabelle 5 - Übersicht Nutzen der Mitarbeiterbeurteilung

Vorgesetztenbeurteilung

Der Begriff **Vorgesetztenbeurteilung** bezeichnet die Beurteilung des Führungsverhaltens, der Kenntnisse und/oder Fähigkeiten eines Vorgesetzten durch seine direkten Mitarbeiter. Kommen als Beurteiler weitere Personen wie zum Beispiel Führungskräfte höherer Verantwortungsebenen, Kollegen oder Kunden hinzu, handelt es sich um ein 360-Grad-Feedback.[2]

Pro Vorgesetztenbeurteilung

- ✓ Frühwarnsystem für Führungsfehler
- ✓ frühzeitige Kenntnis von Schwachstellen im Führungsverhalten
- ✓ Verbesserung der Führungsqualität des Vorgesetzten

Contra Vorgesetztenbeurteilung

- ✓ Angst vor negativen Konsequenzen in der beruflichen Weiterentwicklung auf Seiten der Vorgesetzten
- ✓ (fälschliche) Annahme, dass die Mitarbeiter nicht die Bereitschaft und die Fähigkeit zur Durchführung der Vorgesetztenbeurteilungen besitzen

---

[2] Horst Steinmann/Georg Schreyögg, *Management*, Wiesbaden, 6. Auflage 2005, S. 815 und 819

Beurteilungsfehler

...sind **Fehleinschätzungen in der Wahrnehmung**, z.B.

HALO-EFFEKT *(= Überstrahleffekt)*	Eine Beurteilung basiert hinsichtlich eines Merkmales (besonders positiv oder negativ) und zieht auf Grund dieser Einzelbewertung den Rückschluss auf das Gesamtbild des Mitarbeiters
RECENCY-EFFEKT *(= Nikolauseffekt)*	Eine Beurteilung basiert speziell auf Verhaltensweisen (besonders positiv oder negativ), die erst in jüngster Zeit beobachtet wurden beziehungsweise stattgefunden haben
SELEKTIONSEFFEKT	Die Führungskraft erkennt nur bestimmte Verhaltensweisen, die Ihr relevant erscheinen
PRIMACY-EFFEKT	Hierbei werden die zuerst erhaltenen Informationen und Eindrücke in der Beurteilung sehr viel später berücksichtigt als spätere Verhaltensweisen
KLEBER-EFFEKT	Der Beurteiler orientiert seine Beurteilung an der bisherigen Laufbahn des Mitarbeiters und *„klebt"* folglich an vorangegangenen Beurteilungen. Hierbei werden Mitarbeiter, die über einen längeren Zeitraum nicht befördert wurden, unbewusst unterschätzt und entsprechend schlechter beurteilt
HIERARCHIE-EFFEKT	Mitarbeiter auf einer höheren Hierarchieebene werden besser beurteilt als Mitarbeiter der darunter liegenden Ebenen

Tabelle 6 - Übersicht Arten von Beurteilungsfehlern

Persönlichkeitsbedingte Beurteilungsfehler

...liegen **in der Person des Beurteilers**, z.B.

Persönlichkeitsbedingter Beurteilungsfehler 1	**Erster Eindruck**, z.B. *„Dicke sind gemütlich"*
Persönlichkeitsbedingter Beurteilungsfehler 2	**Vorurteile**, z.B. *„Mitarbeiter in der Produktion sind weniger gebildet"*
Persönlichkeitsbedingter Beurteilungsfehler 3	**Sympathie und Antipathie** zählen zu den normalen **nicht** abschaltbaren Gefühlserscheinungen die einen Beurteiler aus dem Unterbewusstsein heraus beeinflussen können
Persönlichkeitsbedingter Beurteilungsfehler 4	**Projektionsfehler**, d.h. der Beurteiler projiziert seine eigenen Fähigkeiten, Stärken oder Schwächen in den Mitarbeiter hinein und legt damit der Beurteilung seinen persönlichen Maßstab zu Grunde
Persönlichkeitsbedingter Beurteilungsfehler 5	**Bezugspersoneneffekt**, d.h. der Beurteiler orientiert seine Beurteilung bewusst oder unbewusst an der Einstellung seines Vorgesetzten und verfälscht somit sein eigenes Urteil

Tabelle 7 - Übersicht Persönlichkeitsbedingte Beurteilungsfehler

Beurteilung und Betriebsverfassungsgesetz

§ 82 Abs. 2 BetrVG

- ✓ danach kann der Mitarbeiter verlangen, dass mit Ihm die Beurteilung seiner Leistung erörtert wird

- ✓ der Mitarbeiter kann zu diesem Gespräch ein Mitglied des Betriebsrates hinzuziehen

§ 83 BetrVG

- ✓ dieser Paragraf gibt dem Mitarbeiter ein Einsichtsrecht in seine Personalakte

- ✓ damit hat der Mitarbeiter die Möglichkeit, auch eine Beurteilung, die nicht mit Ihm besprochen wurde, in Erfahrung zu bringen

§ 94 Abs. 2 BetrVG

- ✓ danach hat der Betriebsrat ein Mitbestimmungsrecht für die Ausstellung allgemeiner Beurteilungsgrundsätze im Unternehmen (zum Beispiel Zielvereinbarungen)

Personalentwicklungsgespräch

Personalentwicklung umfasst die Förderung und betriebliche Weiterbildung der Mitarbeiter und Führungskräfte sowie die Organisationsentwicklung. Ziel der Personalentwicklung ist es, einerseits die Beschäftigungsfähigkeit [...] zu sichern und andererseits auch zur Motivation und zum Commitment der Mitarbeiter beizutragen.[3]

Das **Personalentwicklungsgespräch** ist ein Beratungsbeziehungsweise Fördergespräch zwischen der Führungskraft und dem Mitarbeiter mit dem **Ziel** der Weiterentwicklung des Mitarbeiters, d.h. des persönlichen Fortkommens sowie des Aufbaus seiner Stärken und der Verringerung seiner Schwächen.

Weiterführende Informationen dazu fortfolgend im Kapitel: BETRIEBLICHE AUS- UND WEITERBILDUNG.

Abbildung 11 - Führungsinstrumente

---

[3] https://www.haufe.de/thema/personalentwicklung

Motivation

Motivation bezeichnet **das Streben des Menschen nach Zielen** oder wünschenswerten Zielobjekten.

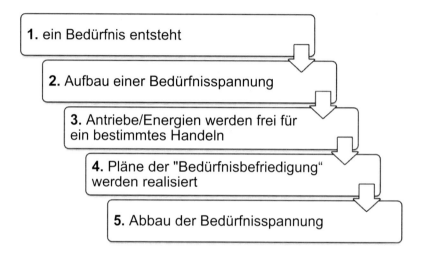

Abbildung 12 - Die Phasen der Motivation

Dieser Vorgang kann sich entsprechend immer wiederholen.

Intrinsische und extrinsische Motivation

Als **intrinsisch motiviert** wird ein Verhalten angesehen, bei dem Handlungen um Ihrer selbst Willen angestrebt werden, d.h. **Selbstmotivation** des Mitarbeiters **„von innen heraus"**.

Als **extrinsisch motiviert** wird ein Verhalten angesehen, wenn äußere Belohnungen angestrebt werden, d.h. **Motivation** des Mitarbeiters **„von außen"** (zum Beispiel von der Führungskraft).

Die Maslowsche Bedürfnispyramide

Die **Maslowsche Bedürfnispyramide** beruht auf dem vom amerikanischen Psychologen Abraham Maslow im Jahr 1943 veröffentlichten Modell, um die Motivationen von Menschen näher zu beschreiben.

Bedürfnis = es besteht ein Mangel

Motivation = etwas unternehmen, um genau dieses Bedürfnis zu stillen

Abraham Maslow ist der Begründer der Motivationstheorie. Damit hat er hat die menschlichen Bedürfnisse strukturiert und in eine hierarchische Ordnung gefasst - in (s)eine **Bedürfnispyramide**.

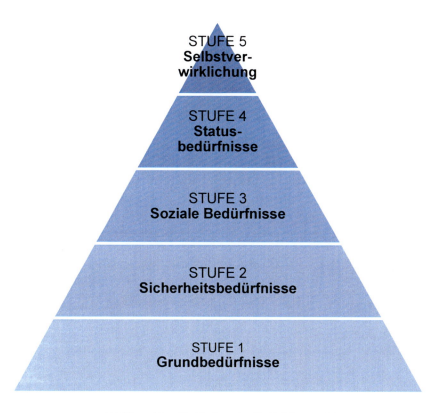

Abbildung 13 - Die Maslowsche Bedürfnispyramide

STUFE 1 - Grundbedürfnisse des Menschen

✓ Unterkunft, Nahrung, Kleidung

STUFE 2 - Sicherheitsbedürfnisse des Menschen

✓ Sicherheit und Stabilität

✓ Existenzsicherung durch Einkommen oder Rente

STUFE 3 - Soziale Bedürfnisse des Menschen

✓ Drang nach sozialen Beziehungen

✓ Zugehörigkeit zu einer sozialen Gruppe

✓ Harmonie

STUFE 4 - Statusbedürfnisse des Menschen

✓ Ansehen, Prestige, Wertschätzung

STUFE 5 - Bedürfnis nach Selbstverwirklichung

✓ Persönlichkeitsentfaltung

✓ Erfüllung von eigenen Träumen

Fazit der Maslowschen Bedürfnispyramide

- ✓ der Mensch hat erst ein erneutes Verlangen auf ein anderes Bedürfnis, wenn ein Bedürfnis erreicht wurde

- ✓ der Mensch denkt in Stufen (siehe Stufen 1-5)

- ✓ ist die „Stufe 1" innerhalb der Maslowschen Bedürfnispyramide erreicht worden, erfolgt die Zufriedenheit - danach wird die „Stufe 2" in Angriff genommen und so weiter

Es ist im Allgemeinen einer Führungskraft nicht möglich, die Motive eines Mitarbeiters direkt zu erkennen.

Die Motive lassen sich nur indirekt aus der Beobachtung seines Verhaltens ableiten und insbesondere aus der Erkenntnis, welche Anreize (Geld, Bestätigung, Karriereförderung) bei welchem Mitarbeiter in welcher Situation „greifen" oder nicht.

Zwei-Faktoren-Theorie nach Herzberg

Die **Zwei-Faktoren-Theorie** - bestehend aus **Hygienefaktoren** und **Motivatoren** - beruht auf dem vom amerikanischen Psychologen Frederick Irving Herzberg im Jahr 1959 veröffentlichten Theorie, um die Bedürfnisse von Menschen näher zu beschreiben.

Nach Herzberg hat der Mensch ein **zweidimensionales Bedürfnissystem**.

Seiner Meinung nach hat der Mensch **Entlastungs- und Entfaltungsbedürfnisse**, d.h. er möchte alles vermeiden, was die Mühsal des Lebens ausmacht.

Hygienefaktoren

Nach Frederick Irving Herzberg kann ein Mitarbeiter mit den sogenannten Hygienefaktoren (zum Beispiel Entgelt, Klima im Unternehmen, Arbeitsbedingungen) nur Unzufriedenheit abbauen, aber man kann Ihn damit **nicht** motivieren. Hygienefaktoren müssen stimmen, erst dann sind Motivatoren sinnvoll.

Diese zivilisatorischen Errungenschaften nimmt der Mitarbeiter als selbstverständlich hin, diese ist für Ihn kein Grund zu besonderer Zufriedenheit, aber dennoch für die positive Grundstimmung bei der Arbeit unerlässlich.

Die Hygienefaktoren bilden somit die Grundlage für ein gesundes Betriebsklima.

Hygienefaktoren = Arbeits**umfeld**, zum Beispiel Entgelt, Klima im Unternehmen, Arbeitsbedingungen

Motivatoren

Nach Frederick Irving Herzberg wirken Motivatoren nur, wenn Hygienefaktoren vorhanden sind. Nur wenn der einzelne Mitarbeiter sich in seiner Person frei entfalten kann, d.h. wird dieses Bedürfnis befriedigt, entsteht echte und dauerhafte Zufriedenheit.

Motivatoren sind mit Erfolgserlebnissen verknüpft, sie regen zur Eigeninitiative an und führen zu echter Leistungsmotivation.

Dies kann unter anderem geschehen durch das Gespräch mit dem Mitarbeiter, die Anerkennung seiner Leistung und dem Respekt vor seiner Person.

> 💡 **Motivatoren** = Arbeits**inhalte**, zum Beispiel Freude, Verantwortung, Anerkennung

Information

- ✓ Information der Mitarbeiter ist für den Unternehmenserfolg unerlässlich
- ✓ Information ist eine Grundvoraussetzung für Leistung und Leistungsbereitschaft
- ✓ Information schafft Motivation, bedeutet Anerkennung und verhindert Gerüchte, denn Gerüchte kosten Geld, da diese Opportunitätskosten* sind

- ✓ Mitarbeiten kann nur, wer mitdenken kann!
- ✓ Mitdenken kann nur, wer informiert ist!
- ✓ Nur informierte Mitarbeiter sind gute Mitarbeiter!

* Opportunitätskosten sind Kosten aus entgangenen Gewinnen. Diese Kosten können jedoch nicht zu 100% in Zahlen gefasst werden, denn zum Beispiel Mitarbeiter, die schon innerlich gekündigt haben und unmotiviert sind, kosten dem Unternehmen Geld

Kommunikation

Einführung von neuen Mitarbeitern

- ✓ Informationen über das Unternehmen
- ✓ Kennenlernen des Unternehmens und der betrieblichen Zusammenhänge
- ✓ Begrüßungsgespräch
- ✓ Vorstellung der Führungskräfte, Mitarbeiter und Kollegen

Arbeitsanweisung (= Anordnung)

Dem Mitarbeiter wird genau vorgeschrieben **was, wo, wann und wie** durchgeführt werden soll und wann die Aufgabenerfüllung kontrolliert wird. Es handelt sich hierbei um eine Art **Befehl** und muss deshalb befolgt werden. Dies kommt dem autoritären Führungsstil nahe und ist nur sinnvoll bei Routineaufgaben.

Ein entscheidender Nachteil hierbei ist die unterdrückte Entwicklung von Selbstständigkeit und Eigeninitiative des Mitarbeiters.

Übertragung von Verantwortung (= Delegation)

Delegation heißt *nicht*, dem Mitarbeiter lediglich Arbeit zu übertragen, *ohne* klare Zielsetzung und *ohne* Entscheidungsspielraum (Kompetenz), sondern:

- ✓ Ziele zu setzen sowie Ihm die Aufgabe und die Kompetenz *(=Befugnis zur Entscheidung)* zu übertragen

- ✓ die Führungsverantwortung bleibt immer beim Vorgesetzten

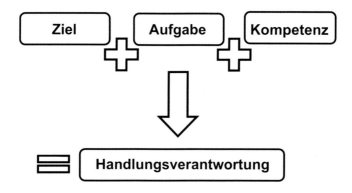

Voraussetzungen für die Delegation von Mitarbeitern

- ✓ klare Abgrenzung der Kompetenzen der Stellen
- ✓ Kompetenzen (nicht nur Arbeit) übertragen
- ✓ den Mitarbeiter motivieren
- ✓ den Mitarbeiter ausbilden, fördern und auf die Übernahme von Verantwortung vorzubereiten
- ✓ „nicht Hineinregieren" in den Verantwortungsbereich der unterstellten Mitarbeiter
- ✓ keine Rückdelegation zulassen

Vorteile

- ✓ der Vorgesetzte wird entlastet
- ✓ Delegation bedeutet immer Wertschätzung der Mitarbeiter
- ✓ der Mitarbeiter wird motiviert
- ✓ Handlungsspektrum des Mitarbeiters wird flexibler
- ✓ Freiräume bilden die Grundlage für engagierte und kreative Mitarbeiter

Konfliktbewältigung

Konflikte sind als Prozess zu sehen, der immer dann auftaucht, wenn zwei oder mehr Parteien in einer Sache beziehungsweise in Ihren Wertungen nicht übereinstimmen.

Ursache eines Konfliktes können verschiedene oder unvereinbare Bedürfnisse, Motive, Werte oder Ziele sein, zum Beispiel:

- ✓ Wahrnehmung und Beurteilung weichen voneinander ab
- ✓ Motive und Ziele sind unterschiedlich
- ✓ Unvereinbarkeit verschiedener Rollen
- ✓ Beziehungskonflikte
- ✓ Fehlende Anerkennung und Statussymbole
- ✓ Bossing *(= Mobbing von oben nach unten)*
- ✓ Konfliktgespräche

Kritik ist die **Vorstufe** von Konflikt

2. GRUNDLAGEN PERSONALENTWICKLUNG

2. GRUNDLAGEN PERSONALENTWICKLUNG

Human Resource Management

> 💡 **managen** = lenken, leiten, organisieren

Personalwesen (auch Personalwirtschaft, Personalmanagement, Human Resource Management [...] oder Workforce Management) bezeichnet den Bereich der Betriebswirtschaft, der sich mit dem Produktionsfaktor Arbeit und mit dem Personal auseinandersetzt.

Das Personalwesen ist eine in allen Organisationen vorhandene Funktion, deren Kernaufgaben die Bereitstellung und der zielorientierte Personaleinsatz sind.[4]

---

[4] E. Gaugler, W. A. Oechsler, W. Weber: Personalwesen. In: Handwörterbuch des Personalwesen. Hrsg. Gaugler/Oechsler/Weber, 3. Auflage, Stuttgart 2004, Sp. 1653

Der Management-Regelkreis

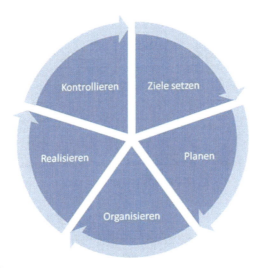

Abbildung 9 - Der Management-Regelkreis

In jedem Unternehmen sind gewisse Management-Prozesse notwendig, um die Arbeit zu koordinieren. Bei der Koordination kann man sich als Unternehmer an einigen Punkten orientieren, welche für ein gutes Management ausschlaggebend sind. Der sogenannte Regelkreis beschreibt diese grundlegenden Aspekte, die in folgender Übersicht veranschaulicht werden:[5]

---

[5] Vgl. https://www.deutschland-startet.de/gruenderwissen-management-regelkreis/

Ziele setzen

- ✓ Beschreibung von konkreten und messbaren Zielen **nach vorheriger Analyse des IST-Zustandes**

Planen

- ✓ Gedankliche Vorwegnahme des zukünftigen Handelns
- ✓ zeigt auf welchen Wegen die Ziele zu erreichen sind

Organisieren

- ✓ Planung und Durchführung eines Vorhabens

Realisieren

- ✓ Umsetzung des geplanten in die betriebliche Wirklichkeit

Kontrollieren (im Sinne von **Erfolgskontrolle**)

- ✓ SOLL / IST Vergleich
- ✓ dieser SOLL / IST Vergleich zeigt an, ob es gelungen ist, die Pläne in die Realität umzusetzen

Der Grund für den Einsatz von Personal**management** statt Personal**verwaltung** ist die immer weiter fortschreitende Globalisierung und das nun mittlerweile Dienstleistung statt der bisherigen Produktion marktbeherrschend ist.

2.1 Personalentwicklung im Allgemeinen

Die Personalentwicklung erfolgt mit dem Ziel, Qualifikationen aufzubauen beziehungsweise weiterzuentwickeln, die der einzelne Mitarbeiter benötigt, um seine beruflichen Aufgaben zu erfüllen. Gleichzeitig ist sie auf die Bedürfnisse, Wünsche und Eignungsvoraussetzungen der einzelnen Mitarbeiter ausgerichtet.

Personalentwicklungsprozesse zielen auf eine Veränderung des Leistungspotentials des Mitarbeiters hin. Bausteine dafür können unter anderem Laufbahnplanung, Förderkreise sowie betriebliche Aus- und Weiterbildung sein.

Den notwendigen Schulungsbedarf initiiert immer die Führungskraft vor Ort, da diese den Mitarbeiter diesbezüglich besser einschätzen kann. Die Personalentwicklungsabteilung im Unternehmen organisiert dann die betreffende Schulung.

Der Begriff Personalentwicklung ist also umfassender als der der Aus- und Fortbildung. Die Bildungsarbeit selbst ist damit ein Instrument der Personalentwicklung.

2.2 Zielsetzungen der Personalentwicklung

Hauptziele der Personalentwicklung

- ✓ Förderung der Leistungsfähigkeit und Leistungsbereitschaft der Mitarbeiter, also das **„Können"** und **„Wollen"**)

- ✓ Berücksichtigung der individuellen Bedürfnisse und Erwartungen der Mitarbeiter

- ✓ Erhöhung der Wettbewerbsfähigkeit, d.h. Senkung der Mitarbeiterfluktuation, Anpassung an neue oder veränderte Situationen

- ✓ Erhöhung der Flexibilität, d.h. erweiterte Einsatzmöglichkeiten für die Mitarbeiter durch erhöhte Qualifikation

- ✓ Erhöhung der Motivation und Integration

- ✓ Sicherung eines qualifizierten Mitarbeiterstammes

> 💡 **Personalentwicklung** hat die Aufgabe betriebliche und außerbetriebliche Maßnahmen zur beruflichen Aus- und Weiterbildung zu planen

2.3 Bedeutungen der Personalentwicklung

Erwartung des Unternehmens in die Personalentwicklung

- ✓ Erhaltung und Verbesserung der Wettbewerbsfähigkeit durch Erhöhung der Fachkompetenz, der Sozialkompetenz und der Methodenkompetenz der Mitarbeiter
- ✓ Verminderung von Stör- und Konfliktsituationen
- ✓ Erhöhung der Arbeitszufriedenheit
- ✓ größere Flexibilität und Mobilität von Strukturen und Personen
- ✓ Verbesserung der wirtschaftlichen Ergebnisse

Funktion der Personalentwicklung im Unternehmen

- **Versorgungsfunktion**
- **Motivationsfunktion**
- **Abstimmungsfunktion**

Versorgungsfunktion

- ✓ Bereitstellung geeigneter und qualifizierter Mitarbeiter sowie das Erkennen zukünftig benötigter Begabungen und Kenntnisse

Motivationsfunktion

- ✓ Motivieren der Mitarbeiter durch Information über geeignete Entwicklungsmöglichkeiten

Abstimmungsfunktion

- ✓ Reduzierung von Konfliktpotentialen, wenn die Personalentwicklungsmöglichkeiten des Unternehmens und die Erwartung der Mitarbeiter „auseinanderklaffen"

2.4 Phasen der Teamentwicklung

Als **Teambildung** oder **Teamentwicklung** werden innerhalb der Personalentwicklung die Phasen und Strukturen der Zusammensetzung von kleinen Gruppen bezeichnet, die unmittelbar miteinander in Kontakt treten um in arbeitsteiliger Verantwortung ein Ziel zu erreichen.

- **Forming** (Phase 1= Orientierungsphase)
- **Storming** (Phase 2 = Konfliktphase)
- **Norming** (Phase 3 = Organisationsphase)
- **Performing** (Phase 4 = Leistungsphase)

FORMING (Orientierungsphase)	STORMING (Konfliktphase)	NORMING (Organisationsphase)	PERFORMING (Leistungsphase)
Teammitglieder lernen sich kennen (z.B. durch ein Kick-off-Meeting)	Teammitglieder wollen sich profilieren (Hierarchiebildung)	Teammitglieder akzeptieren Regeln	Teammitglieder verhalten sich regelgerecht und erfüllen die Aufgaben
Unsicherheit besteht	Machtkämpfe finden statt	„Wir-Gefühl" findet statt	Leistung entsteht
Projektleiter stellt Mitglieder vor und stellt erste Regeln auf	Projektleiter wird in Frage gestellt und muss sich eventuell behaupten	Projektleiter wird akzeptiert und führt das Team	Erfüllung der Aufgaben dominiert

Tabelle 8 - Die vier Phasen der Teamentwicklung

Zusätzlich zu den vier Phasen der Teamentwicklung
- **Forming**, **Storming**, **Norming** und **Performing** - gibt es die abschließende (in)offizielle fünfte Phase.

Diese wird als **Ending** (= Endphase) bezeichnet - mit folgenden Eigenschaften:

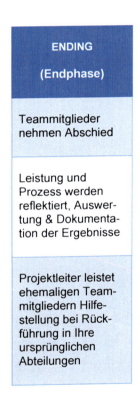

Tabelle 9 - Die fünfte Phase der Teamentwicklung

3. PERSONALPLANUNG

3. PERSONALPLANUNG

3.1 Ziele und Aufgaben Personalplanung

Sinn der Personalplanung für Mitarbeiter

- ✓ Perspektive, d.h. der Mitarbeiter weiß, ob noch mit Ihm geplant wird oder nicht
- ✓ Arbeitsplatzsicherheit
- ✓ Personalentwicklung

Determinanten der Personalplanung

In der Personalplanungen werden verschiedenen Einflussgrößen definiert. Diese Einflussgrößen werden auch im Personalmanagement als Determinanten bezeichnet. Hierbei wird zwischen **Internen** Determinanten und **Externen** Determinanten unterschieden.

Interne Determinanten

Interne Determinanten sind direkt durch die Unternehmen beeinflussbar, wie zum Beispiel:

- ✓ Qualifikation
- ✓ Altersstruktur
- ✓ Betriebsklima
- ✓ Image

Externe Determinanten

Externe Determinanten sind **nicht** durch die Unternehmen beeinflussbar, wie zum Beispiel:

- ✓ Auftragslage aufgrund von Subventionspolitik (Solar-, Windenergie- oder Elekroautomobilbranche)
- ✓ Demographie
- ✓ Gesetze
- ✓ Tarifabschlüsse

Hilfsmittel der Personalplanung

- ✓ Personalakte
- ✓ Personalinformationssysteme (PIS) = Personalakte in digitaler Form
- ✓ Stellenplan (**ohne** Namen)
- ✓ Stellenbesetzungsplan (**mit** Namen)
- ✓ Stellenbeschreibung / Anforderungsprofil

Aufgaben der Personalplanung

- ✓ Planung von Personalbedarf (quantitativ und qualitativ)
- ✓ Personalbeschaffung (intern und extern)
- ✓ Personaleinsatz
- ✓ Personalentwicklung und Förderung
- ✓ Personalabbau
- ✓ Personalkosten

> 💡 **Personalplanung** ist die gedankliche Vorwegnahme von Entscheidungen. Sie ist der Vergleich des Anforderungsprofils (SOLL) mit dem Qualifikationsprofil (IST) des Mitarbeiters

Arten der Personalplanung

Personalbedarfsplanung

Ohne Kenntnisse über qualitativen und quantitativen Personalbedarf ist eine Beschaffungs- und Einsatzplanung nicht möglich.

Wird der Personalbedarf **zu niedrig** eingeschätzt drohen Personalengpässe und Überstunden. Wird dagegen der Personalbedarf **zu hoch** angesetzt, kann dies zu unbeabsichtigtem Personalabbau führen.

Die Personalbedarfsplanung stellt zudem die Schnittstelle zu anderen Unternehmensbereichen (zum Beispiel Absatz, Produktions- und Investitionsplanung) dar.

Mit Hilfe der Plandaten aus diesen Bereichen ist eine Aussage darüber möglich

- ✓ wie viele **Mitarbeiter**
- ✓ mit welcher **Qualifikation**
- ✓ zu welchem **Zeitpunkt**
- ✓ an welchem **Ort**

benötigt werden.

Hierbei spricht man von der Ermittlung des **Brutto-Personalbedarfs** oder vom Personal-SOLL.

> 💡 **Personalbedarfsplanung** ist das Kernstück der Personalplanung

Personalbeschaffungsplanung (= Recruiting)

> 💡 **Personalbeschaffungsplanung** hat die Aufgabe Personal zur Beseitigung eines Personalengpasses nach Anzahl, Art, Zeitpunkt, Dauer und Einsatzort bereitzustellen

Personalmarketing

Das **Personalmarketing** dient dazu, das jeweilige Unternehmen positiv auf dem internen und externen Arbeitsmarkt darzustellen, so dass die besten Mitarbeiter im Unternehmen bleiben und neue Mitarbeiter hinzukommen.

Dabei werden folgende Personalmarketingformen unterschieden:

- **Internes Personalmarketing**
- **Externes Personalmarketing**

- **Interne Personalbeschaffung**
- **Externe Personalbeschaffung**

Internes Personalmarketing

- ✓ Motivation
- ✓ Entwicklung
- ✓ Förderung

= daraus folgen Perspektiven für den Mitarbeiter im Unternehmen

Externes Personalmarketing

- ✓ Personalimagewerbung

- ✓ Personalbeschaffungsmethoden, zum Beispiel Stellenanzeigen, Personalleasing

Für diese Personalmarketingformen stehen der interne sowie der externe Arbeitsmarkt zur Verfügung.

Interne Personalbeschaffung

- ✓ innerbetriebliche Stellenausschreibung
- ✓ Personalentwicklung, zum Beispiel Versetzung oder Umsetzung

Vorteile der internen Personalbeschaffung

- ✓ Aufstiegschancen für Mitarbeiter
- ✓ geringe Beschaffungskosten
- ✓ Kenntnisse über interne Prozesse des Bewerbers
- ✓ arbeitstechnische Kenntnisse des Mitarbeiters

Nachteile der internen Personalbeschaffung

- ✓ geringere Auswahlmöglichkeiten
- ✓ Betriebsblindheit
- ✓ zu starke kollegiale Bindungen könnten Sachentscheidungen beeinflussen

Externe Personalbeschaffung

- ✓ Stellenanzeigen
- ✓ Jobmessen
- ✓ Headhunting

Vorteile der externen Personalbeschaffung

- ✓ größere Auswahlmöglichkeiten
- ✓ neue Impulse für das Unternehmen
- ✓ der externe Mitarbeiter bringt neue Kenntnisse aus seinem früheren Unternehmen mit

Nachteile der externen Personalbeschaffung

- ✓ höhere Beschaffungskosten
- ✓ fehlende Betriebskenntnis
- ✓ Stellenbesetzung dauert in der Regel länger
- ✓ eventuell höhere Gehälter bei Einstellung
- ✓ Blockierung der Aufstiegschancen, daraus ergibt sich Frust der eigenen Mitarbeiter

Grundlage für Personalbeschaffung

Anforderungsprofil

Grundlage für jedes personalwirtschaftliche Thema, zum Beispiel für Personalgewinnung, Personalauswahl, Personalentwicklung ist das **Anforderungsprofil**.

Das Anforderungsprofil ist gleichzeitig Teil der Stellenbeschreibung.

Das Anforderungsprofil legt fest, welche Kompetenzen an einer Stelle **notwendig** (= „MUSS-Kriterien") und welche **wünschenswert** (= „Wunsch-Kriterien") sowie welche „**Soft Skills**" wichtig sind.

Ein Anforderungsprofil wird von den Führungskräften erstellt, nicht von der Personalabteilung!

Inhalt Anforderungsprofil

Ein Anforderungsprofil sollte folgendes enthalten:

- ✓ Kompetenzen
- ✓ MUSS-Kriterien
- ✓ Wunsch-Kriterien
- ✓ Soft Skills

> 💡 Das **Anforderungsprofil** wird von der Personalabteilung auf Basis der Daten der Abteilung umgesetzt und ist die Grundlage für die Stellenbeschreibung

Stellenbeschreibung

Eine Stellenbeschreibung wird Stellenbezogen entwickelt, **nicht** für eine Person und sollte folgendes enthalten:

- ✓ Kompetenzen
- ✓ Ziele
- ✓ Aufgaben
- ✓ Befugnisse
- ✓ Vollmachten
- ✓ Vertreterregelung
- ✓ Anforderungen

MUSS-Kriterien werden objektiv überprüft!

Auch **Soft Skills** können nicht einfach durch Vorlage der Bewerbungsmappe dargelegt, sondern diese müssen in einem persönlichen Gespräch geprüft werden.

Skills werden im Deutschen häufig als Fähigkeiten und Fertigkeiten bezeichnet.

Dabei bezeichnen „weiche" Fähigkeiten und Fertigkeiten (= **Soft Skills**) die sozialen, persönlichen und methodischen Kompetenzen eines Mitarbeiters oder Bewerbers.

Die „harten" Fähigkeiten und Fertigkeiten (= **Hard Skills**) bedeuten hingegen allein die fachlichen Kompetenzen eines Mitarbeiters oder Bewerbers.

Grundlage für die Entwicklung des Anforderungsprofils sind die sogenannten **Schlüsselqualifikationen**.

Schlüsselqualifikationen

Ergänzend zum **Kapitel 1.2**:

Schlüsselqualifikationen sind **fach-** beziehungsweise **berufsübergreifende Qualifikationen** mit übergeordneter Bedeutung für die Bewältigung zukünftiger Aufgaben.

Sie versetzen den Mitarbeiter in die Lage auf unvorhergesehene neue Anforderungen flexibel und schnell zu reagieren und sich an veränderte Anforderungen anzupassen.

FACHLICHE Kompetenz	SOZIALE Kompetenz
ist eine „harte" Fähig- und Fertigkeit	ist eine „weiche" Fähig- und Fertigkeit
 - Ausbildung - Fachkenntnisse - Berufserfahrung - Auslandserfahrung - Projekterfahrung - Weiterbildung	Soziale Kompetenz ist der Umgang mit anderen Menschen, dazu gehören - Kommunikationsfähigkeit - Teamfähigkeit - Kritikfähigkeit - Konfliktfähigkeit
PERSÖNLICHE Kompetenz	METHODISCHE Kompetenz
ist eine „weiche" Fähig- und Fertigkeit	ist eine „weiche" Fähig- und Fertigkeit
Persönliche Kompetenz ist der Umgang mit sich selbst, dazu gehören - Eigeninitiative - Lernbereitschaft - Kreativität - Flexibilität/Mobilität - Zuverlässigkeit - Belastbarkeit	 - Entscheidung - Problemlösung - Prioritätensetzung - Zeitmanagement - Organisationsfähigkeit - Projektmanagement

Tabelle 10 - Übersicht Schlüsselqualifikationen

> 💡 **Schlüsselqualifikationen** sind jene Schlüssel, mit denen der Mitarbeiter jederzeit die einst gelernten Qualifikationen aktualisieren und erweitern kann

Personalfreisetzungsplanung

Personalfreisetzungsplanung ist die Verminderung des Personalüberhanges durch:

- **Indirekter Abbau**
- **Direkter Abbau**

Indirekter Abbau von Personalüberhängen

- ✓ Abbau von Überstunden
- ✓ Umwandlung von Vollzeit- in Teilzeitstellen
- ✓ Versetzung/Umsetzung im Unternehmen
- ✓ Nichtverlängerung befristeter Verträge
- ✓ Einstellungsstopp in Verbindung mit Fluktuation
- ✓ Verkürzung der Arbeitszeit, z.B. durch Kurzarbeit
- ✓ Nichtübernahme von Auszubildenden
- ✓ Abbau von Personalleasingmitarbeitern (Zeitarbeit)

> 💡 **Indirekter** Personalabbau führt zunächst zu **keiner** Personalreduzierung in Bezug auf den Stellenplan

Direkter Abbau von Personalüberhängen

- ✓ Vorruhestand
- ✓ Altersteilzeit
- ✓ Aufhebungsverträge
- ✓ Anreiz zur Eigenkündigung
- ✓ Outplacement
- ✓ Entlassung

> 💡 **Direkter Personalabbau** führt **sofort** zu Personalreduzierung in Bezug auf den Stellenplan

Leitender Gedanke bei jeglicher Form der Personalfreisetzungsplanung sollte stets sein, diesen Prozess **möglichst sozialverträglich** durchzuführen!

Personalentwicklungsplanung

Die **Personalentwicklungsplanung** erfolgt mit dem Ziel Qualifikationen aufzubauen beziehungsweise weiterzuentwickeln, die der einzelne Mitarbeiter benötigt, um seine beruflichen Aufgaben zu erfüllen.

Gleichzeitig ist sie auf die Bedürfnisse, Wünsche und Eignungsvoraussetzungen der einzelnen Mitarbeiter ausgerichtet.

Personalentwicklungsprozesse zielen auf eine Veränderung des Leistungspotentials von Mitarbeitern hin, Bausteine dafür können unter anderem die Laufbahnplanung, Förderkreise sowie betriebliche Aus- und Weiterbildung sein.

> 💡 Mit Hilfe der **Personalentwicklungsplanung** werden betriebliche und außerbetriebliche Maßnahmen zur beruflichen Aus- und Weiterbildung von Mitarbeitern geplant

Personaleinsatzplanung

Mit Hilfe der **Personaleinsatzplanung** können Unterforderung beziehungsweise Überforderung der Mitarbeiter vermieden werden.

Dies geschieht durch die Abstimmung des Anforderungsprofils der Stelle (= SOLL-Zustand) mit den Qualifikationen des Mitarbeiters = (IST-Zustand).

Anforderungsprofil ⟺ **Qualifikation**

> 💡 **Personaleinsatzplanung** hat die Aufgabe, die vorhandenen Mitarbeiter entsprechend Ihren Fähigkeiten und Kenntnissen an der richtigen Stelle im Unternehmen einzusetzen

Sonstige Arten der Personalplanung

Kollektive Personalplanung

- ✓ für mehrere Personen, zum Beispiel eine Gruppe

Individuelle Personalplanung

- ✓ für eine Person, zum Beispiel Einarbeitungsplanung, Besetzungsplanung, Entwicklungsplanung oder Laufbahnplanung

Flexible Arbeitszeitmodelle

- ✓ siehe nachfolgende Tabelle

VERTRAUENS-ARBEITSZEIT	**Vorteile** - eigene Verwaltung des Zeitkontos - mehr planbare Freizeit - keine Systempflege („Stechuhr") - Gewinner ist das Unternehmen, **nicht** der Mitarbeiter (!) **Nachteile** - Missgunst, mehr Arbeit als vorher - Ziele werden zu hochgesteckt, mehr Zeitaufwand, um Arbeit zu bewältigen - **keine** Erfassung Überstunden - Gewinner ist das Unternehmen, **nicht** der Mitarbeiter (!)
GLEITZEIT	- Kernarbeitszeit, z.B. von 09.00 Uhr bis 15.00 Uhr mit Anwesenheitspflicht - egal ob Stundenabbau erfolgt oder Überstunden geleistet werden, nur die erforderlichen Monatsgesamtstunden müssen erreicht werden
ARBEITSZEIT-KONTEN	- Überstunden auf ein Zeitkonto ansparen und anschließend wieder abbauen
TEILZEIT	- 4 bis 6 Stunden pro Tag, auch wenige Tage Arbeit pro Woche möglich
JOBSHARING	- eine Vollzeitstelle wird aufgeteilt auf zwei Mitarbeiter

Tabelle 11 - Übersicht Flexible Arbeitszeitmodelle

3.2 Personalbedarfsplanung [6]

Arten des Personalbedarfs

Je nach Anlass und Charakterisierung des anfallenden Bedarfs lassen sich sechs Arten des Personalbedarfs unterscheiden:

- Einsatzbedarf
- Reservebedarf
- Ersatzbedarf
- Neubedarf
- Zusatzbedarf
- Minderbedarf

Dies bedeutet im Einzelnen:

- ✓ **Einsatzbedarf:** Der Einsatzbedarf ist der Bedarf, der unmittelbar zur Bewältigung der Arbeitsmenge beziehungsweise zur Erreichung der Unternehmensziele erforderlich ist

---

[6] Vgl. https://www.prosoft.net/blog/brutto-personalbedarf-und-netto-personalbedarf

- ✓ **Reservebedarf:** Unvermeidbare Arbeitsausfälle durch Fehlzeiten (z. B. Krankheiten, Freistellungen) werden durch einen Reservebedarf abgefangen

- ✓ **Ersatzbedarf:** Bei vorhersehbaren Ausfällen, zum Beispiel durch dispositionsbedingte (Beförderung, Versetzung…) und statistisch erfassbaren Abgängen (z. B. Altersruhestand) entsteht ein Ersatzbedarf

- ✓ **Neubedarf:** Ein Neubedarf entsteht im Zuge organisatorischer Erweiterungen, Erweiterungsinvestitionen, Kapazitätsausweitungen oder neu anfallender Aufgaben

- ✓ **Zusatzbedarf:** Ist kurzfristig weiteres Personal erforderlich, zum Beispiel aufgrund von Auftragsspitzen oder saisonaler Hochphasen, fällt Zusatzbedarf an

- ✓ **Minderbedarf:** Rezession oder Rationalisierungserfordernisse können dazu führen, dass ein Minderbedarf entsteht und Personalfreistellungen erforderlich werden

Personalbedarf ermitteln

Der Personalbedarf lässt sich in drei Schritten ermitteln.

1. Ermittlung des Brutto-Personalbedarfs
2. Ermittlung des fortgeschriebenen Personalbestands
3. Ermittlung des Nettopersonalbedarfs

Die Ermittlungen sind Grundlage für die Maßnahmenplanung (Beschaffungsplanung, Freistellungsplanung, Personalentwicklung, Qualifizierungsmaßnahmen, Nachfolgeplanung).

Ermittlung des Brutto-Personalbedarfs

Der **Brutto-Personalbedarf** ist eine Sollgröße, die sich aus dem Einsatz- und dem Reservebedarf ergibt, der für die Realisierung von Unternehmens- und Absatzzielen im Planungszeitraum erforderlich ist. Er zeigt auf, wie viele Mitarbeiter mit welchen Qualifikationen benötigt werden. Zur Einschätzung des Brutto-Personalbedarfs können zum Beispiel einfache Schätzverfahren durch erfahrene Führungskräfte vorgenommen werden.

Besteht ein Zusammenhang zwischen betrieblichen Einflussgrößen und dem Personalbedarf (zum Beispiel Ausbringungsmengen, Pro-Kopf-Umsatz, Anzahl der Kunden/Kundenaufträge, Umsatz pro Mitarbeiter pro Monat), können Kennzahlen zur Ermittlung des Personalbedarfs eingesetzt werden.

Ein Beispiel: Das Unternehmen plant die Produktion von 500 Einheiten eines Produkts.

Die Produktionszeit pro Einheit beträgt 8 Stunden, die durchschnittliche monatliche Arbeitszeit pro Mitarbeiter liegt bei 160 Stunden.

Für Ausfallzeiten (zum Beispiel Krankheit) kalkuliert das Unternehmen einen Ausfallzuschlag von 15 %:

Personalbedarf = (500 x 8) / 160 = 25 Mitarbeiter

Zuschlag 15 %: 25 /100 x 15 = 3,75 Mitarbeiter

Gesamtbedarf: 25 + 3,75 Mitarbeiter = 28,75 Mitarbeiter

Ein Vergleich von Soll- und Ist-Bestand unter Berücksichtigung der Zu- und Abgänge zeigt, ob mit personellen Unter- oder Überdeckungen zu rechnen ist.

Brutto-Personalbedarf = Einsatzbedarf + Reservebedarf

Ermittlung des fortgeschriebenen Personalbestands

Der **fortgeschriebene Personalbestand** ergibt sich aus der Addition feststehender Zugänge zum gegenwärtigen Personalbestand und der Subtraktion der voraussichtlichen Abgänge.

Die Zu- und Abgänge werden in einer monatlichen Statistik unter Angaben der Abgangs- beziehungsweise Zugangsgründe erfasst, um Prognosen über Personalbewegungen zu treffen.

fortgeschriebener Personalbestand = aktueller Personalbestand + feststehende Zugänge - Abgänge

Ermittlung des Netto-Personalbedarf

Der **Netto-Personalbedarf** gibt an, ob für die Planungsperiode eine Personalunterdeckung oder Personalüberdeckung vorliegt. Zur Ermittlung des Netto-Personalbedarfs werden der Brutto-Personalbedarf und der fortgeschriebene beziehungsweise erwartete Personalbestand benötigt.

Der fortgeschriebene Personalbestand wird vom Bruttopersonalbedarf subtrahiert.

Nettopersonalbedarf = Bruttopersonalbedarf - fortgeschriebener Personalbestand

Lfd. Nr.	Berechnungs- größe	Zahlen- beispiel	
1	Stellenbestand	28	nur Stellen
2	+ Stellenzugänge (geplant)	2	
3	- Stellenabgänge (geplant)	- 5	
4	**Bruttopersonalbedarf**	**25**	
5	Personalbestand	27	nur Personal
6	+ Personalzugänge (sicher)	4	
7	- Personalabgänge (sicher)	- 2	
8	- Personalabgänge (geschätzt)	- 1	
9	**Fortgeschriebener Personalbestand**	**28**	
10	**Netto-Personalbedarf** (Lfd. Nr. 4 bis 9)	**- 3**	

Tabelle 12 - Beispielrechnung Quantitative Personalplanung

Der Netto-Personalbedarf ist immer größer, kleiner oder gleich Null, daraus ergibt sich folgender Handlungsbedarf:

- ✓ ein **Netto-Personalbedarf < 0** deutet auf eine **Personalüberdeckung** und einen Personalabbau
- ✓ ein **Wert > 0** deutet auf eine **Personalunterdeckung** und einen **Personalbeschaffungsbedarf**
- ✓ ein **Wert** von **0** deutet darauf hin, die Personalentwicklung vortreiben zu müssen

Die **Personalbedarfsplanung** ist eine wichtige Grundlage für die Realisierung von Unternehmenszielen und spezifischen Zielgrößen. Sie ermittelt den Personalbestand, der für die Zielerreichung im Planungszeitraum erforderlich ist, um die notwendigen Personalkapazitäten in quantitativer, qualitativer, zeitlicher und örtlicher Hinsicht sicherzustellen.

Wichtige Größen in der Personalbedarfs- und Maßnahmenplanung sind der Brutto- und Netto-Personalbedarf.

Ein Vergleich des künftigen und erwarteten Personalbestands (Soll-Ist-Vergleich) bietet eine Grundlage für die Ausarbeitung konkreter Maßnahmen zur Personalbeschaffung, -freistellung und -entwicklung.

4. MITARBEITERFÖRDERUNG

4. MITARBEITERFÖRDERUNG

4.1 Ziele der Mitarbeiterförderung

Ziele des Unternehmens bei Mitarbeiterförderung

- ✓ Abgleich der Bedürfnisse der Mitarbeiter mit den Zielvorstellungen des Unternehmens

- ✓ Förderung der Fähigkeit zur Motivation und Selbstmotivation

- ✓ Förderung des Engagements

- ✓ Förderung des eigenverantwortlichen Denken und Handelns

- ✓ Förderung der Mobilität und Flexibilität

- ✓ Förderung der Selbstständigkeit und Entscheidungsfähigkeit

- ✓ Förderung des Qualitätsbewusstseins

- ✓ Förderung der Kooperations- und Teamfähigkeit

Ziele des Mitarbeiters bei Mitarbeiterförderung

- ✓ angestrebtes Qualifikationsniveau erreichen beziehungsweise erhöhen
- ✓ bei Qualifikationsmaßnahmen nicht den Arbeitsplatz aufgeben müssen
- ✓ Steigerung des eigenen Marktwerts
- ✓ Verbesserung der Lebenssituation

4.2 Instrumente der Mitarbeiterförderung

Instrumente der Mitarbeiterförderung

- Potentialeinschätzung
- Laufbahnplanung
- Nachfolgeplanung
- Nachwuchskräfteförderung

Potentialeinschätzung

Mit Hilfe von Beurteilungsgesprächen, Personalentwicklungsgesprächen, Assessment-Center oder Eignungstests können Potentialeinschätzungen von Mitarbeitern erfolgen.

Diese dienen zur:

✓ Prognose des Leistungsvermögens in der Zukunft

✓ Prognose der Leistungsreserven

Laufbahnplanung

✓ bestimmte Stellenfolge im Unternehmen im Hinblick auf eine bestimmte Zielposition, zum Beispiel Vertriebsleiter

- ✓ erfolgt mit Hilfe von kollektiven (= standardisiert) oder individuellen (= spezifisch auf den entsprechenden Mitarbeiter) Laufbahnplänen

- ✓ „Parallel-Laufbahnen", d.h. das neben der Laufbahn für Führungskräfte (Managementlaufbahn) auch spezielle Laufbahnen für Fachkräfte, zum Beispiel Experten (Fachlaufbahn) geschaffen werden

Nachfolgeplanung

Nachfolgeplanungen sind gedanklich vorweggenommene Überlegungen zur zukünftigen Besetzung von Positionen, bezogen auf feste Termine bei sich deutlich abzeichnenden Vakanzen.

Vakanz (lat. vacans „leer", „unbesetzt") bezeichnet ein Amt oder eine Arbeitsstelle, die momentan nicht besetzt ist und zur Neubesetzung ausgeschrieben ist

Nachwuchskräfteförderung

Hierbei geht es hauptsächlich um die Vorbereitung von ausgewählten und geeigneten Mitarbeitern zur Übernahme von Führungspositionen im Unternehmen.

Im Vordergrund stehen dabei die Vermittlung von Führungsfähigkeiten und Managementtechniken sowie Fachkompetenz, Sozialkompetenz und Methodenkompetenz sowie weiterführend auch Unternehmenspolitik, Geschäftsprinzipien, Budgetierung oder Controlling.

Geeignete Instrumente hierfür sind Übernahme von Sonderaufgaben, zum Beispiel Projekten, Auslandsentsendungen, Leitung von Projekten, Stellvertretung oder Assistentenfunktionen.

5. BETEILIGUNGSRECHTE DES BETRIEBSRATES

5. BETEILIGUNGSRECHTE BETRIEBSRAT

5.1 Aufgaben Betriebsrat

Der Betriebsrat ist die Vertretung der Arbeitnehmer zur Wahrung der betrieblichen Mitbestimmung gegenüber dem Arbeitgeber.

> 💡 Grundlage für die Arbeit des Betriebsrates ist das **Betriebsverfassungsgesetz** (BetrVerfG)

Betriebsrat und Arbeitgeber arbeiten unter Beachtung der geltenden Tarifverträge vertrauensvoll und im Zusammenwirken mit den im Betrieb vertretenen Gewerkschaften und Arbeitgebervereinigungen zum Wohl der Arbeitnehmer und des Unternehmens zusammen.

5.2 Beteiligungsrechte Betriebsrat

Das Betriebsverfassungsgesetz gibt dem Betriebsrat Informations-, Mitwirkungs- und Mitbestimmungsrechte in sozialen, personellen und wirtschaftlichen Angelegenheiten.

Diese Beteiligungsrechte sind unterschiedlich gewichtet:

- **Informationsrecht**
- **Beratungsrecht**
- **Mitwirkungsrecht**
- **Mitbestimmungsrecht**

Informationsrecht

Der Betriebsrat hat ein allgemeines **Informationsrecht**. Danach darf er alle Informationen vom Arbeitgeber einfordern, die er für die ordnungsgemäße Durchführung seiner Tätigkeit benötigt. Der Arbeitgeber hat den Betriebsrat über geplante personelle Maßnahmen (Einstellung, Versetzung, Kündigung) rechtzeitig und umfassend zu informieren. Dies betrifft auch die Personalplanung. Unter die Informationspflicht fallen auch geplante technische und organisatorische Veränderungen. Die Information hat so rechtzeitig zu erfolgen, dass der Betriebsrat weitergehende ihm zustehende Rechte wahrnehmen kann.

Beratungsrecht

Das **Beratungsrecht** umfasst mehr als die reine Information. Dies setzt voraus, dass der Arbeitgeber sich die Argumente des Betriebsrates anhören und in seine Entscheidung einbeziehen muss. Beratungsrechte gibt es zum Beispiel bezüglich der Einführung technischer Einrichtungen, der Änderung von Arbeitsorganisation und Arbeits-abläufen, der Förderung der Berufsausbildung.

Mitwirkungsrecht

Klassische **Mitwirkungsrechte** bestehen in sogenannten personellen Angelegenheiten. Der Betriebsrat muss vor jeder Einstellung, Ein- oder Umgruppierung und Versetzung sowie bei einer Kündigung angehört werden. Folgt der Arbeitgeber den Bedenken oder dem Widerspruch des Betriebsrates nicht so muss er sich die Zustimmung durch das Arbeitsgericht ersetzen lassen.

Mitbestimmungsrecht

Der Betriebsrat hat ein Mitbestimmungsrecht bei der Gestaltung von Personalfragebogen, Beurteilungsgrundsätzen und Maßnahmen der betrieblichen Fortbildung.

Aber auch bei einem Katalog definierter Sozialer Angelegenheiten hat der Betriebsrat ein erzwingbares Mitbestimmungsrecht, dies betrifft die:

- ✓ Ordnung des Betriebes (zum Beispiel Parkplatzvergabe, Videoüberwachung, Ethikgrundsätze)
- ✓ Arbeitszeit (zum Beispiel Pausenregelung, Gleitzeit, jedoch nicht die Dauer der Wochenarbeitszeit)
- ✓ Vorübergehende Verkürzung oder Verlängerung der Arbeitszeit (zum Beispiel Überstunden, Kurzarbeit)
- ✓ Urlaubsregelung (zum Beispiel Urlaubsgrundsätze)
- ✓ Einführung von technischen Überwachungseinrichtungen (zum Beispiel Videoüberwachung, Einführung neuer Software)
- ✓ Unfallverhütung
- ✓ Sozialeinrichtungen (Form, Ausgestaltung und Verwaltung)
- ✓ Lohngestaltung (Gehaltsgrundsätze, Gehaltsstufen, jedoch nicht die Festlegung von Gehältern)
- ✓ Leistungsbezogenes Entgelt (zum Beispiel Festsetzung der Akkordsätze und Leistungsprämien)
- ✓ Vorschlagswesen
- ✓ Gruppenarbeit (Einführung und Ausgestaltung von Gruppenarbeit)

Das Ergebnis ist dann die **Betriebsvereinbarung**. Diese gilt zwingend für alle Beschäftigten im Betrieb, soweit nicht einzelne Bereiche oder Beschäftigtengruppen ausgenommen sind.

Eine Entscheidung des Arbeitgebers ohne Beteiligung des Betriebsrates in diesen Angelegenheiten ist unwirksam und kann dem Arbeitgeber vom Arbeitsgericht untersagt werden.

Gibt es zu den obengenannten Punkten jedoch eine tarifliche Regelung, so darf der Betriebsrat nur in dem vom Tarifvertrag vorgegebenen Rahmen Regelungen treffen (Tarifvorbehalt § 87). Die Regelung von Angelegenheiten, die üblicherweise durch Tarifvertrag geregelt werden, ist grundsätzlich ausgeschlossen (Tarifvorbehalt § 77).

Beteiligung in Wirtschaftlichen Angelegenheiten

Eine Mitbestimmung in wirtschaftlichen Angelegenheiten ist zwar grundsätzlich ausgeschlossen. Der Betriebsrat ist jedoch vor der Umsetzung von wirtschaftlichen Entscheidungen des Arbeitgebers rechtzeitig und umfassend zu unterrichten und die Maßnahmen sind mit ihm beraten, auch wenn kein Mitbestimmungsrecht besteht.

Dies ist unter anderem der Fall bei

- ✓ beabsichtigten Stilllegungen
- ✓ Massenentlassungen
- ✓ Verlagerung des Betriebes
- ✓ Änderungen der Betriebsorganisation

Ein zwischen Unternehmer und Betriebsrat vereinbarter Interessenausgleich und ein Sozialplan helfen, wirtschaftliche Nachteile der Beschäftigten zu mildern oder auch auszugleichen.[7]

 Ohne Betriebsrat kein Sozialplan

---

[7] vgl. ver.di Hessen

6. BETRIEBLICHE AUS- UND WEITERBILDUNG

6. BETRIEBLICHE AUS- UND WEITERBILDUNG

6.1 Betriebliche Ausbildungen

 Betriebliche Ausbildung = Berufsausbildung

Maßgebende Gesetze

- **Berufsbildungsgesetz** (BBiG)
  Änderung 2005

- **Jugendarbeitsschutzgesetz** (JuArbSchG)
  Änderung 1976

- **Betriebsverfassungsgesetz** (BetrVG)
  Änderung 1972

- **Bürgerliches Gesetzbuch** (BGB)
  Änderung 2002

- **Mutterschutzgesetz** (MuSchG)
  Änderung 2017

- **Bundeserziehungsgeldgesetz** (BErzGG)
  Änderung 2004

- **Arbeitszeitgesetz** (ArbZG)
  Änderung 1994

- **Bundesurlaubsgesetz** (BurlG)
  Änderung 1963

- **Sozialgesetzbuch** (SGB)
  fortlaufende Änderungen seit 1969

- **Entgeltfortzahlungsgesetz** (EFZG)
  Änderung 1994

- **Unfallverhütungsvorschriften** (UVV)
  bestehend seit 1900

6.2 Ermittlung des Weiterbildungsbedarfs

Phasenkonzept Bedarfsermittlung

Phase 1	Analyse der IST-Situation
Phase 2	Ermittlung des Bildungsbedarfs
Phase 3	Verdichten und Bewerten der Ergebnisse
Phase 4	Präsentation Weiterbildungskonzept
Phase 5	Realisierung Weiterbildungskonzept
Phase 6	Kontrolle, Transfer und Weiterentwicklung

Tabelle 13 - Phasenkonzept zur Bedarfsermittlung Weiterbildung

Methoden & Inhalte Bedarfsermittlung

Methoden

- ✓ einmalig, wiederkehrend
- ✓ schriftlich, mündlich
- ✓ strukturiert, freie Abfrage

Inhalte

- ✓ fachlicher, unternehmensbezogener Bedarf
- ✓ Kompetenzen der Persönlichkeitsentwicklung

Zielgruppenorientierung

- ✓ Sachbearbeiter
- ✓ Führungskräfte
- ✓ Funktionsbereiche

Dimensionen der Vermittlung

- ✓ Grundkenntnisse
- ✓ Anwenderkenntnisse
- ✓ Expertenwissen

Organisationsanalyse

✓ Methode / Instrument = Befragungen

✓ Dokumentationsanalyse

✓ Expertenurteile

✓ Fluktuationsanalysen

Marktanalyse

✓ Methode / Instrument = Statistiken auswerten

✓ Befragungen

✓ Primär- und Sekundäranalyse (**Marktforschung**)

💡 **Primäre Marktforschung** = es sind noch keine Erhebungsdaten vorhanden, diese müssen erstmalig (originär = neu) erhoben werden

---

💡 **Sekundäre Marktforschung** = diese Marktforschung kann auf bereits vorhandene Erhebungsdaten aufbauen

Arbeitsanalyse

- ✓ Methode / Instrument = Prüfung der Arbeitszufriedenheit
- ✓ Beobachtungen und Befragungen
- ✓ Lernbedarfsanalyse

Personalanalyse

- ✓ Methode / Instrument = Leistungsbeurteilung
- ✓ Potentialanalyse
- ✓ Assessment-Center, Testverfahren, Auswahlverfahren
- ✓ Verhaltensbeobachtung

6.3 Weiterbildungsmöglichkeiten

Formen der Weiterbildung

Maßnahmen des Betriebes

Interne Maßnahmen	Externe Maßnahmen
Fachliteratur	Messen und Ausstellungen
Lehrgänge	Seminare
Unterweisungen	Tagungen
Workshops	Vorträge
Projektarbeit	

Tabelle 14 - Weiterbildungsmaßnahmen des Betriebes

Eigeninitiative des Mitarbeiters

- ✓ Seminare
- ✓ Fernlehrgänge
- ✓ Weiterbildende Maßnahmen bei Industrie- und Handelskammern oder Handwerkskammern (Weiterbildung, Aufstiegsbildung, Fortbildung)
- ✓ Fachbücher, Fachzeitschriften

Maßnahmen der Weiterbildung

Maßnahmen zur Verbesserung	Maßnahmen zum Erwerb
von - Fachkompetenz - Sozialkompetenz - Methodenkompetenz	von schulischen und beruflichen Bildungsabschlüssen
mit Hilfe von - Fach- & Führungswissen - Fremdsprachen - Managementtechniken	- Realschule - Abitur - Umschulung - Fachwirt - Betriebswirt

Tabelle 15 - Maßnahmen der Weiterbildung

Methoden der Weiterbildung

- ✓ der Teilnehmer „ist dort abzuholen wo er steht", d.h. seine Erfahrung und seine Motivation sind zu berücksichtigen
- ✓ Methoden und Maßnahmen müssen sich entsprechen
- ✓ der Praxisbezug ist herzustellen, d.h. den Nutzen der Weiterbildung muss aufgezeigt werden
- ✓ Möglichkeiten zur Umsetzung des Gelernten müssen angeboten werden

Methodenstruktur nach „zeitlicher und räumlicher Nähe zum Arbeitsplatz" (6-Phasen-Modell)[8]

- **Personalentwicklung (PE) into-the-job**
- **Personalentwicklung (PE) on-the-job**
- **Personalentwicklung (PE) near-the-job**
- **Personalentwicklung (PE) off-the-job**
- **Personalentwicklung (PE) along-the-job**
- **Personalentwicklung (PE) out-of-the-job**

---

[8] Klassifikation nach Conradi 1983

Personalentwicklung (PE) into-the-job

Personalentwicklung (PE) into-the-job ist die Vorbereitung auf berufliche Funktionen, sozusagen **arbeitsplatzvorbereitende** Maßnahmen, wie zum Beispiel:

✓ Traineeprogramm

✓ Ausbildung

✓ Praktika

Personalentwicklung (PE) on-the-job

Personalentwicklung (PE) on-the-job sind **arbeitsplatzbezogene** Maßnahmen, wie zum Beispiel:

- **Job-Rotation**
- **Job-Enlargement**
- **Job-Enrichment**

Job-Rotation

- ✓ planmäßiger und systematischer **Wechsel** von Arbeitsplatz und Arbeitsaufgabe

- ✓ soll Mitarbeiter durch Lernen am Arbeitsplatz qualifizieren und die Weitergabe von Wissen fördern

Vorteile

- ✓ Mitarbeiter tragen Ihr bisher erworbenes Wissen in den neuen Aufgabenbereich hinein

- ✓ Mitarbeiter anderer Abteilungen geben ihr Wissen an die "rotierenden" Kollegen weiter

- ✓ durch neue Aufgaben wird der Mitarbeiter vor möglicher Routine und Monotonie an seinem bisherigen Arbeitsplatz geschützt

- ✓ gibt Motivationsanreize und positive Effekte in der Mitarbeiterbindung

Job-Rotation = Arbeitsplatzwechsel

Job-Enlargement

- ✓ bezeichnet eine quantitative (mengenmäßige) **Erweiterung** der Arbeit und der Aufgaben

- ✓ ein Mitarbeiter übernimmt am gegenwärtigen Arbeitsplatz **zusätzliche**, inhaltlich weitgehend zusammengehörende Teilaufgaben mit ähnlichen Schwierigkeitsgraden

Vorteile für Mitarbeiter

- ✓ Arbeitszufriedenheit und Motivation der Mitarbeiter werden durch die Erweiterung ihrer Tätigkeitsbereiche gestärkt

- ✓ Entscheidungsbefugnisse der Mitarbeiter werden ausgeweitet

- ✓ der Verantwortungsbereich wächst

- ✓ Möglichkeit der Darstellung der eigenen Potenziale

Vorteile für das Unternehmen

✓ durch rationellere Aufgabenabwicklung sind Kostensenkungen möglich

✓ gute Beobachtungsmöglichkeiten von Fähigkeiten der Mitarbeiter

✓ Einsatz der Mitarbeiter für andere Aufgaben

 Job-Enlargement = Aufgaben**erweiterung**

Job-Enrichment

- ✓ **Anreicherung** mit qualitativ **höherwertigen** Arbeitselementen

- ✓ Erweiterung des Arbeitsfeldes um Planungsaufgaben, Kontrollaufgaben und Entscheidungsaufgaben

Vorteile

- ✓ Anteil der sich wiederholenden Arbeiten wird eingeschränkt

- ✓ Monotonie der Arbeit wird verringert

- ✓ Mitarbeiter erhalten höheren Gestaltungsspielraum

- ✓ Eigeninitiative der Mitarbeiter wird stärker gefördert

- ✓ Arbeitsmotivation und Arbeitszufriedenheit der Mitarbeiter steigt

Job-Enrichment = Aufgaben**anreicherung**

Personalentwicklung (PE) near-the-job

Personalentwicklung (PE) near-the-job beschreibt **arbeitsplatznahe** Maßnahmen der Personalentwicklung, wie zum Beispiel:

- ✓ **Mentoring**
- ✓ **Coaching**
- ✓ Qualitätszirkel
- ✓ Lernpartnerschaft
- ✓ Projektarbeit

Mentoring

Mentoring bedeutet hier den Begleitprozess eines Nachwuchsmitarbeiters durch eine höhere Führungskraft. Das Mentoring ist eine systematische Personalentwicklungsmaßnahme.

„Cross-Mentoring" ist die Betreuung eines Nachwuchsmitarbeiters durch eine Führungskraft eines anderen Unternehmens, Vorteil ist der Blickwinkel eines Außenstehenden.

Coaching

- Vorgesetzten-Coaching
- Einzel-Coaching
- Gruppen- und Projekt-Coaching

Vorgesetzten-Coaching

Das Vorgesetzten-Coaching ist das entwicklungsorientierte Führen von Mitarbeitern durch den jeweiligen Vorgesetzten.

Die Vorgesetzten sollen Ihre Mitarbeiter durch einen situativen Führungsstil, der dem jeweiligen Mitarbeiter angemessen ist, allmählich zu einem „höheren Reifegrad" führen. Ziel ist es, Ihre Mitarbeiter hinsichtlich ihrer Fachkompetenz, Selbstständigkeit und Motivation zu
fördern.

Einzel-Coaching

Im Einzel-Coaching sind meist firmeninterne Führungskräfte, Trainer oder Personalentwickler die Berater für Firmenangehörige.

Gruppen- und Projekt-Coaching

Beim Gruppen- und Projekt-Coaching geht es insbesondere darum, schwierige fachliche Fragen zu lösen, wenn deren Lösung durch zwischenmenschliche Probleme behindert wird.

Personalentwicklung (PE) off-the-job

Personalentwicklung (PE) off-the-job beschreibt **arbeitsplatzübergreifende** Maßnahmen der Personalentwicklung, wie zum Beispiel:

- ✓ Rollenspiel
- ✓ Gruppendynamisches Training
- ✓ Fortbildung
- ✓ Seminare & Workshops

Personalentwicklung (PE) along-the-job

Personalentwicklung (PE) along-the-job beschreibt Maßnahmen der Personalentwicklung durch Aufstiegssysteme, wie zum Beispiel:

- ✓ Karriereplanung
- ✓ Nachfolgeplanung

Personalentwicklung (PE) out-of-the-job

Personalentwicklung (PE) out-of-the-job beschreibt Maßnahmen der Personalentwicklung zur Vorbereitung auf das Ausscheiden aus dem Funktionsfeld, wie zum Beispiel:

- ✓ Outplacement
- ✓ Vorbereitung auf den Ruhestand

Arten der Fortbildungen

- Erhaltungsfortbildung
- Erweiterungsfortbildung
- Anpassungsfortbildung
- Aufstiegsfortbildung

Erhaltungsfortbildung

Die Erhaltungsfortbildung will möglichst Verluste von Kenntnissen und Fertigkeiten ausgleichen.

Erweiterungsfortbildung

Die Erweiterungsfortbildung soll zusätzliche Berufsfähigkeiten vermitteln.

Anpassungsfortbildung

Die Anpassungsfortbildung will eine Angleichung an veränderte Anforderungen am Arbeitsplatz sicherstellen.

Aufstiegsfortbildung

Die Aufstiegsfortbildung soll auf die Übernahme höherwertiger Aufgaben oder Führungsaufgaben vorbereiten.

6.4 Bildungscontrolling

Ziel des betrieblichen Bildungscontrollings ist es, die Weiterbildung der Beschäftigten zu unterstützen und dabei die Bedarfe des Unternehmens und der Beschäftigten miteinander in Einklang zu bringen.

Das **Bildungscontrolling** übernimmt die Aufgabe der **Planung, Steuerung** und **Kontrolle** der betrieblichen Weiterbildungsprozesse sowie die **Optimierung** ihrer **Effektivität** und **Effizienz**. Dabei ist Controlling nicht gleichzusetzen mit Kontrolle, es handelt sich vielmehr um ein in die Zukunft gerichtetes Steuern von Abläufen und Prozessen und erstreckt sich auf den gesamten Funktionszyklus der betrieblichen Bildungsarbeit:

- ✓ **Bedarfsanalyse** von Bildungsmaßnahmen
- ✓ **Zielsetzung** von Bildungsmaßnahmen
- ✓ **Gestaltung** von Bildungsmaßnahmen
- ✓ **Realisierung** von Bildungsmaßnahmen
- ✓ **(Wissens)Transfersicherung**
- ✓ **Erfolgskontrolle** von Bildungsmaßnahmen

In jeder Phase des Weiterbildungsprozesses finden sich also Anknüpfungspunkte für Controlling-Aktivitäten.[9]

---

[9] Vgl. Gnahs/Krekel 1999, S.19 ff.; Lendner/Scholer 2012, S. 53 ff.

ökonomische Erfolgskontrolle

- ✓ Lernerfolgskontrolle
- ✓ Erfassung der Bildungskosten
- ✓ Wirtschaftlichkeitskontrolle, sprich Planung und Kontrolle der Kosten im Bildungsbereich

pädagogische Erfolgskontrolle

- ✓ Was sollte gelernt werden?
- ✓ Was wurde gelernt?
- ✓ Was wurde davon behalten?

Bildungscontrolling ist die Erfolgskontrolle von Qualifizierungsmaßnahmen

Erfolgskontrolle durch Benchmark-Vergleich

Benchmark (= Maßstab) beziehungsweise **Benchmarking (= Maßstäbe setzen)** bezeichnet ein Konzept, um Verbesserungsmöglichkeiten durch den Vergleich von Leistungsmerkmalen mehrerer vergleichbarer Objekte, Prozesse oder Programme zu finden.[10]

Benchmark

- ✓ wird häufig als qualitativer Maßstab im Wettbewerb verwendet

- ✓ die Wettbewerber richten sich dabei an bestimmten Merkmalen eines Unternehmens als Orientierung aus

- ✓ diese nehmen innerhalb der Branche eine Vorbildrolle ein, die es anzustreben gilt

Benchmarking

- ✓ systematischer und kontinuierlicher Prozess des Vergleichens von Produkten, Dienstleistungen und Prozessen im eigenen Unternehmen

- ✓ hierbei werden qualitative und quantitative Prozesse und nicht das ganze Unternehmen verglichen

---

[10] http://www.vdr-service.de

Benchmarking = Konkurrenzanalyse

oder einfacher gesagt:

Benchmarking = „vom Sieger siegen lernen"